植民地朝鮮の予言と民衆宗教

PROPHECY AND NEW RELIGIONS IN COLONIAL KOREA

朴海仙

法藏館

植民地朝鮮の予言と民衆宗教＊目次

植民地朝鮮の予言と民衆宗教

序章

一　問題の所在

本書は、植民地朝鮮における民衆宗教の形成とその歴史的展開を考察するものである。具体的には、植民地期の朝鮮民衆の内面世界を強く規定し、彼らを統合する結節点でありながら、民衆宗教の形成と発展にも多大な影響を与えた終末思想と、その影響を受けて終末論的教義を掲げることで民衆から大いに支持された民衆宗教教団（普天教・金剛大道）の歴史的展開を、主たる検討の対象とする。従来、これらの終末思想と民衆宗教に関しては、おもに植民当局（朝鮮総督府）との関係を軸としながら、両者の間における弾圧／抵抗といった二項対立の様相に注目することが多かった。これに対して本書では、近年の「帝国」研究など植民地と近代をめぐる諸学問的動向を踏まえた上で[1]、これら終末思想と民衆宗教の問題を、植民地朝鮮社会を構成していた社会的諸勢力（植民当局、在朝日本人、日本宗教、「親日派」、朝鮮の知識人など）間における力関係を主軸として検討を行う。そうすることによって、植民地朝鮮で活動を展開した民衆宗教の姿をより立体的かつ動態的に把握するとともに、その背景にある植民地近代を生きた朝鮮民衆の複雑多様な心理を理解することをその目的とする。

植民地朝鮮では、朝鮮自生の新たな宗教が数多く勃興し、独自の活動を展開することで当時の民衆の幅広い支持を獲得していった。以下、本書ではこれらを「民衆宗教」と呼ぶことにする。これら民衆宗教は、程度の差こそあれ、その思想的基底には朝鮮の伝統的な土着文化である終末思想が共通していた。とりわけ、李氏王朝の滅亡とその後を継ぐ新たな「鄭氏」王朝の出現を内容的骨子とする予言書「鄭鑑録」は、当該期の民衆宗教の形成と展開に多大な影響を与えた。前近代の反王朝運動にも深く関わっていた同書の思想は、その李氏王朝が植民地化という予期せぬ形で滅亡すると、日本の植民地支配の終焉を暗示するものとして読み替えられ、民衆の間で再びその影響力を増していったのである。

植民当局は、そうした終末思想が三一運動のごとき大規模な抵抗運動につながる起爆剤になりうる〝危険性〟を内包していることを認識していた。そこで、その影響を受けて発生した民衆宗教に「迷信邪教」というレッテルを貼り、それが民衆の発展と啓蒙を阻害するものであるという否定的な評価を下し、時には厳しい取締りと弾圧を加えた。それゆえに、解放以後の韓国学界では、植民当局側がこれら民衆宗教に押しつけた「迷信邪教」という汚名からの脱却が模索されていた。そこでは、民衆宗教教団による独立運動への参加や民族主義的志向性を掘り出すことによって、民衆宗教が帯びた民族性を強調するとともに、その教理や教義を先進的な民衆の近代思想として読み直す試みもなされてきた。換言すれば、植民地期の民衆宗教に押しつけられた負の遺産を清算することが民衆宗教研究の新たな課題として浮上し、それに際して、民衆宗教の歴史的評価にあたっても、「近代（性）」と「民族性」の有無如何を軸とする傾向が生まれたのである。しかし結局のところ、植民地期に民衆宗教に冠された「迷信邪教」という負の言説も、実は「近代（性）」と「民族性」といった近代主義に立脚して発信されたものであり、そうした近代主義を前提としている点においては、植民地期の植民当局も、それを乗り越えようとした解放以後の民衆宗教研究も、同一の立場にあったといえる。

しかし、近年の植民地と近代、そして宗教をめぐる研究潮流では、所与の前提とされてきた「近代（性）」や、それに関わる「民族」の問題が問い直されている。そうした議論では、宗主国と植民地との関係を「被害／加害」の二項対立に単純化することが、むしろ近代が孕む諸矛盾を不可視化してしまう可能性があると指摘されている。さらには、これまで一枚岩のごとく同一なアイデンティティーを共有する集団として把握されてきた宗主国や植民地に対し、その集団内の亀裂と異質性に着目して彼らが構成する「帝国」を総体的に理解しようとする試みもなされている。総じていえば、上記の議論は、宗主国と植民地との間の非対称性・非均衡性を前提にしつつも、様々な装置を通じて再編・維持される「近代」の諸問題を解き明かすものであるといえる。本書では、そこから提示された観点と方法論を参照することで、「近代」と「民族」を乗り越え、新たな民衆宗教像の構築を目指す。

以下、この序章では、これまでの先行研究を概観し、「近代」と「民族」を軸として築かれた近代民衆宗教像の限界を指摘した上で、本書の課題と構成を示しておく。

二　先行研究の検討

（一）「民族宗教」論

民衆宗教が韓国の学界において本格的に学問的市民権を獲得したのは、一九七〇年代以降である。日本の敗戦宣言により、日本の朝鮮に対する植民地支配が解消され、韓国社会が念願の解放を迎えたのが一九四五年八月である。しかし、植民地期に貼られた「迷信邪教」のレッテルを払拭するには、解放を迎えた後にも長い年月を要した。その理由は、何よりも米ソの分割占領と朝鮮戦争の勃発、南北分断という、混乱を極めていた韓国社会の状況にあったといえるだろう。植民地期に展開した独立運動への功績から、解放後の新国家建設に主導権が与えられた天道教・大倧教など一部の教団を除き[2]、ほとんどの民衆宗教教団は、こうした社会的混乱に巻き込まれ、教団の再整備もなされないままの状態であった。なかでも、朝鮮戦争の勃発前後に、民衆の間で再び流行した「鄭鑑録」信仰やそれに関連した宗教教団を、社会発展に対する障害とする社会風潮が醸成され、それにともなって政府による迷信撲滅運動が推進されることもあった[3]。

それでも、一九六〇年代以後、郷土史家・李康五と宗教学者・柳秉徳を中心に、民衆宗教研究は進められていった。彼らは、各々全北大学校の韓国新興宗教研究所（一九六二年に設立）、圓光大学校の宗教問題研究所（一九六七年に設立）を拠点として、現地調査および基礎史料の蒐集・整理を進め、民衆宗教研究の礎を築いた。そうしたなか、一九六九年四月には、文化公報部文化局宗務課が「新興及類似宗教研究会」を発足させ、大々的な現地調査を展開するほか、文化財管理局で実施した全国民俗調査の項目に新宗教が含まれるなど、官主導の調査事業が活発に行われた。だが、「新興及類似宗教研究会」の調査委員を務めた柳秉徳の回顧によれば、政府が同会を立ち上げた目的は、あくまでも韓国の近代化を妨げる類似宗教の根絶にあり、そうした政府関係者の認識は、植民地期の迷信邪教観に連続するかのごときものであった(4)。

このような紆余曲折を経ながらも、民衆宗教研究は着々とその基盤を蓄積していったが、一九七〇年代後半から八〇年代にかけて韓国歴史学界で浮上した民衆史・民衆運動史研究の新動向に遭遇することで大きな分岐点を迎えた。民衆史・民衆運動史研究では、植民史学の克服という学術的課題、および現実政治における民主主義的体制の成立という実践的課題のもとで、歴史の主体としての民衆の存在に着目した(5)。なかでも、農民が主導した民乱と区分される、強烈な反体制的特性を有した政治的な反乱である「変乱」が注目されるとともに(6)、変乱に共通的にみられる「鄭鑑録」や弥勒信仰などの「異端的な民間思想(7)」の存在も指摘された。また、民衆に対する一種の発展史観的観点を取りながら、民乱・変乱と東学および東学農民運動、民衆宗教を系譜的に把握する傾向が顕著となり、民衆思想の結実こそが民衆宗教であるという見解も登場するようになった。

ところで、こうした学問的議論と解放以後の韓国社会における民衆宗教教団の社会的位相は、相当乖離していた。依然として植民地期に貼られたレッテルを払拭できずに不振に陥っていた民衆宗教教団の代わりに、新たに韓国社会を主導していた宗教勢力は、キリスト教プロテスタントであった(8)。こうした状況で宗教学界から登場したのが「民族宗教」論であり(9)、それ以降の民衆宗教研究はそれを批判的に継承する形で遂行されてきたといっても過言ではない。

宗教学者・尹以欽は、歴史的変革期にあたって「民族魂」の表層機能を担ってきた民族宗教の社会文化史的機能に着目し、一九六〇年代以降の社会変動にともないその社会的指導力を喪失してきた民族宗教を、再び育成すべきだと主張しながら、独自の「民族宗教」論を提示した。尹の議論で、「民族」とは、人種（Ethnic）や人民（People）、または国家（Nation）とは区分される、単一の血縁と民族意識を共有する共同体という、極めて限定された用法で提示されている。具体的には、①単一血縁共同体（血縁）、②韓半島という地域に限定された地域共同体（地縁）、③新石器時代以降の長久な経験を共有する歴史的・文化的共同体、④上記の三者が複合した、心情的概念としての運命共同体、という概念規定がなされた。尹はこうした民族意識こそが、解放と朝鮮戦争、南北分断という、韓国社会が外部からもたらされた様々な危機に対応し、それらを乗り越えて急速な経済成長と近代化・民主化を成し遂げた力の源泉だと見なした。「民族宗教」とは、様々な社会文化的活動を展開して民族意識を培養し、民族の主体性の確立を牽引した主体であり、共通的な基盤として、①韓国の自生宗教であり、②民族共同体意識を保有し、③民族固有の魂を開発し、④苦難から解放された民族の栄光を保証する、と定義した。

尹はさらに、現今の宗教状況を多宗教状況と規定し、政府による一貫した宗教政策の不在を指摘した上で、「民族宗教」に対する直接的・間接的な育成方案を提言したが、それを受けて民衆宗教側からも連帯が模索され、一九八五年一一月に「韓国民族宗教協議会」が発足した。このように、極めて「政治的かつ戦略的な学術運動」[10]であった「民族宗教」論は、解放以後も否定的なレッテルを払拭できず社会的主導権どころか宗教間の競争においても不振に陥っていた民衆宗教教団当事者や、植民地期の植民権力が遂行した新宗教研究の克服を模索した韓国宗教学界にも大いに受け入れられ、学界を含め社会全般に定着していった。

こうした「民族宗教」論は、確かにそれまで長らく拭いきれなかった民衆宗教に対する否定的なイメージを払拭し、その思想と活動からみられる近代志向性や植民地支配からの解放意志を高く評価することによって、その歴史的な意義を積極的に評価した点では大きな進展があったともいえる。他方、あくまでも価値基準は「民族」と「近代」に置かれていたことに注意しておく必要がある。すなわち、「民族」と「近代」とが無批判に肯定的価値を有するのだとする前提理解のもと、近代新宗教のなかでもかかる価値基準に符合する一部の教団のみが捉えられていたわけである。しかし、様々な暴力と抑圧の装置をともないながら民衆の日常生活を強引に再編していった「近代（性）」や、それにまつわる「民族」という価値基準が問い直されていることに鑑みれば、こうした「民族宗教」論の限界は明らかである。さらに、数多くの新宗教のなかで、「民族宗教」として再発見されたのは一部にすぎず、そうした少数の事例のみに即して構築された民衆宗教像は、歴史的実態と乖離したものといわざるを得ない。新たな角度と方法論から民衆宗教にアプローチし、従来とは異なる像を構築すべき理由はまさにここにある。

（二）「植民地近代」と宗教

朝鮮の近代化という問題を扱う韓国の歴史研究において、近年活発に展開された議論に「植民地近代」論がある。[11] 同議論では、朝鮮に潜在していた独自の近代化の可能性（それは同時に日本帝国主義によって収奪されてしまったものでもある）を掬い上げることに注力してきた植民地収奪論、および植民地統治が朝鮮の近代化に寄与する面もあったということを説く植民地近代化論の両者が、正反対の立場と観点を取りながらも、いずれも近代至上主義の立場に立脚し、「近代」の持つ価値を肯定してきたことを問題視した。そこでは、近代に内包された抑圧的な面を前提としながらも、植民地という時空間で形成された「近代（性）」そのものこそを俎上に載せるべきだという必要性が強調される。すなわち、「植民地近代」論においては、「近代（性）」とは目指されるべき価値や目標などではなく、それ自体が孕む諸問題こそが検討対象となるわけである。

一方、「植民地近代」に対しては、植民地朝鮮で形成された「近代（性）」が強調され、都市や知識人などを主な研究対象とし、彼らが近代に包摂されてゆく様相のみがピックアップされるという批判もなされてきた。[12] とりわけ、日本で朝鮮民衆史研究を牽引してきた趙景達は、[13]「どれだけ多くの民衆が植民地権力に同意を与え、「植民地公共性」に包摂されてきたのか」という疑問を提示し、「植民地近代」論では「近代性も皇民性も内面化し得ずに苦悶を深め」た朝鮮民衆の心性や底辺社会への諸相が十分に解明されていないと批判を加えた。[14]

確かに、すでに指摘されてきたように、植民地朝鮮の民衆がどれほど近代の文物に接していたのかを示す諸指標――日本語・朝鮮語を含めた識字率、ラジオ、新聞など言論媒体の普及率、教育率――からは、[15] 近代化の「恩恵」から離れ、疎外・排除された民衆の存在を想定しうる。ただ、だからといって、植民地朝鮮における「近代（性）」を民衆と無縁なものとして線引きしてしまうことにも注意を払わなければならないだろう。とりわけ、民衆宗教の考察にあたっては、こうした「近代（性）」を排除してしまえば、植民地支配といった現状から救済を求めて集まる民衆と、近代的な宗教概念に立脚して制度化を迫ってくる植民当局との間で絶えず揺らぎ続けていた民衆宗教のジレンマを解き明かすことができなくなってしまう恐れがある。

近代の宗教にとって避けて通れない課題である宗教の制度化・近代化とは、キリスト教プロテスタントを中心とした西欧由来の宗教概念と、それを前提とした政教分離の原則に即して宗教と国家との関係が再定義され、前近代における宗教の領域が縮小・再編成される過程にほかならなかった[16]。宗教側の制度化・近代化への志向には、国家権力から一方的に強制された側面のみならず、自発的な順応・編入という側面も存在する。植民地朝鮮の民衆宗教においてもそうした傾向は確認されるが、民衆宗教の場合、信仰の内面化・脱政治化にかかわる制度化・近代化という問題はより複雑な展開をみせる。当初、民衆宗教の発生と展開を可能とさせたのは、植民地近代の暴力と矛盾に晒されつつ、植民当局が提示する近代のモデルにも疑いを抱いていた民衆たちの存在であった。こうした民衆を支持基盤として急成長を成し遂げた民衆宗教が、治安重視の植民地宗教行政のもとで[17]、存続のために制度化・近代化を目指す際、必然的にそれは当初の支持基盤であった民衆に対する牽引力を弱化させる結果を招来せざるを得なかった。また、民衆宗教側がいくら内外的に制度化・近代化を志向して自己変容を遂げていっても、その路程は決してはかばかしいものではなく、植民当局の承認を得ることもなかった。

これに関連して、「宗教概念」論の観点から[18]、公的領域と私的領域に横たわる「類似宗教」である民衆宗教がもつ二面性を指摘した尹海東の議論は傾聴すべきである。植民地近代、およびトランスナショナルヒストリーの議論を主導してきた論者でもある尹は、趙景達の植民地近代論批判に対し、その反批判として趙の民衆史が前提とする民衆像および民衆運動史の方法論に疑問を提示した[19]。趙は、独自の文化を共有する自律的な変革主体として民衆を設定した上で、そうした民衆の救世願望が表出されたのが「民衆宗教」であり、その「民衆宗教」を通じて民衆の日常性や内面的な心性が解明し得るという立場をとってきた[20]。これに対して尹は、「私的領域と公的領域の複合である類似宗教は「民衆の日常」を映す鏡になりうる」可能性を認めつつも、「類似宗教が公的領域に浮かんでこようとしたり、世俗宗教的な願望を表出すれば、それは民衆の日常とは懸け離れていく」ことにも注意を払うべきと警戒しながら、次のように述べている。

かかる両面性を見過ごしたまま、民衆宗教――すなわち、類似宗教――を基盤として民衆史――日常史、または生活史――研究を行っていくのであれば、深刻なる誤謬に直面せざるをえない。趙景達は変革主体としての民衆を設定し、民衆の願望が「民衆宗教」に潜んでいると考える。しかし、民衆宗教の本質はそれとは反対のものとして理解されるべきであろう。民衆宗教が民族主義を媒介に公的領域へと浮上していくとき、民衆の日常は消え去り、例外状態に逢着するのである[21]。

このように、民衆宗教を考察するにあたっては、その思想と活動を下支えした民衆の存在を想定しつつも、民衆宗教と民衆の両者をただ単に同一なものに還元せず、両者間の流動的な緊張関係にも注意を払うべきであろう。本書ではそうすることによって、当該期の民衆宗教の歴史的実態に迫りたい。

三　本書の課題と構成

植民地期の宗教を取り上げた従来の研究は、しいていえば植民地収奪論的な観点から遂行されており、その点は日本での研究も同様であった[22]。そうしたなか、近年では「植民地近代」論や「宗教概念」論を強く意識した形で、植民地朝鮮における宗教を考察する研究も登場している。例えば、日本仏教の植民地朝鮮での社会事業について論じた諸点淑の研究[23]、学知という観点から植民地朝鮮における宗教政策や、日本知識人による宗教研究、日本キリスト教の朝鮮布教などの問題を包括的に扱った川瀬貴也の研究[24]も、こうした流れに棹差すものと捉えることができる。天道教や金剛大道といった植民地朝鮮の民衆宗教についての考察を進めていた青野正明は[25]、近年では、植民地朝鮮の宗教政策における「類似宗教」という概念の形成過程、およびその日本内地への逆輸入といった問題に関する分析を進めるとともに、「帝国神道」という観点から植民地朝鮮の民衆宗教を捉え直す研究を進めている[26]（ただし、青野は本書のいう民衆宗教を「民族宗教」と呼称している）。植民地朝鮮で創出された檀君民族主義の形成に大きく寄与した大倧教の創設過程を綿密な実証に基づいて検討した佐々充昭の研究も、注目に値する[27]。

以上のような近年の研究成果を承けつつも、本書では植民地朝鮮における終末思想と民衆宗教により即した形での検討を進めていくこととしたい。つまり、上記でみてきたような研究潮流の諸成果に鑑みつつも、あえて、未だその実態すら不分明なものも多い個々の民衆宗教の内在的な展開過程、ならびにそれらの底流にあったと思しき終末思想に、些か拘りたいということである。

第一部「植民地朝鮮の終末思想——近代の予言と『鄭鑑録』の誕生」では、民衆宗教の形成および展開に決定的な役割を果たした「鄭鑑録」の問題について取り上げる。「鄭鑑録」研究は主に前近代を対象とするものが多かったため、近代における「鄭鑑録」の利用や変容、民衆宗教と「鄭鑑録」の関係については概説的な説明しか与えられてこなかった。しかしながら、現在まで続く「鄭鑑録」理解や、その土台となる公刊本『鄭鑑録』の誕生はいずれも近代以降の産物であって、より具体的に検証されるべき問題が山積している。

以上の問題意識から、**第一章「一九〇〇～一九一〇年代の予言と朝鮮の民衆」**では、近代移行期前後に民衆の間で再び膾炙した予言とそれに関わる諸実践を検討することによって、民衆宗教の発生の下支えとなった民衆の心理を考察する。**第二章「規格化される予言——植民権力と『鄭鑑録』公刊本の誕生」**では、「鄭鑑録」の歴史的形成過程、なかでも植民地朝鮮において植民権力の手によりなされ、現在の我々の「鄭鑑録」理解の前提となっている公刊本『鄭鑑録』の誕生過程をたどり、それが植民地朝鮮の民衆宗教にどのような影響を及ぼしたのかを検討する。

第二部「植民地朝鮮における民衆宗教の展開」では、当該期の民衆から大いに支持を得た二つの民衆宗教教団、普天教と金剛大道の事例を取り上げる。**第三章「植民地朝鮮における「類似宗教」の課題——普天教の活動を中心に」**では、植民地朝鮮の民衆から圧倒的な支持を得た普天教の活動を通して、「類似宗教」としての植民地朝鮮の民衆宗教が直面した様々な課題とジレンマについて検討する。教祖・姜甑山の死後、信仰の正統性をめぐって諸分派が競合するなか、普天教は民衆の独立への期待に符合する「甲子登極説」の利用および秘密布教方式の固守を通じて主導権を握るようになる。その後、朝鮮社会で公式的な活動を開始するも、朝鮮の知識人と当局のどちらからも受け入れられず、徐々に孤立していった。普天教がそうした抑圧を受けつつも、『時代日報』買収や時局大同団の結成、日本の大本との交流を通じて現状打破を模索する過程をたどり、それにもかかわらず一九三六年に強制解散せざるをえなかったことの意味を問う。

第四章「植民地朝鮮の民衆宗教と日本仏教——新都内の真宗同朋教会と金剛大道を中心に」では、真宗大谷派同朋教会と金剛大道との間の合同・分裂の過程を検討する。一九三〇年代初頭、日本仏教による朝鮮布教の低調が指摘されるなかで、真宗大谷派は新都内布教所の開設に成功した。同布教所は、朝鮮人信者で構成された最初の日本仏教の布教所であった点や、その所在地が「鄭鑑録」予言により数多くの朝鮮の民衆宗教が集まっていた鶏龍山新都内であった点により、大いに注目された。そして同布教所の設立は、同朋教会と金剛大道による合同の産物であった。一方、この合同は、金剛大道が近代宗教化を成し遂げる際の主要因にもなった。同朋教会との合同のさなかに生じた種々の緊張関係や葛藤、そして組織の体系的な整備、経典発行の経験等は、金剛大道の近代宗教化に決定的なきっかけを与えたからである。第四章では、従来の二項対立的な枠組みだけでは決して説明できない、日本仏教と朝鮮の民衆宗教との間の微妙な関係性に迫る。

終章では、植民地期における様々な勢力による「鄭鑑録」の利用および排除の様相について検討し、本書の全体的なまとめと課題を示す。植民地化の危機が現実化しつつあった大韓帝国末期以降、「鄭鑑録」はそうした危機意識と表裏する形で、民衆の間で強い影響力を発揮しており、それは基本的には総動員体制下にあった一九四〇年代まで続いた。一方で、植民地朝鮮にあって「鄭鑑録」は、単に民衆の朝鮮独立への待望という形だけでは捉えることのできない、複雑な利用のされ方をしていた。「鄭鑑録」は、植民地朝鮮において種々の思惑が複雑に絡み合いながら、民衆ないし民衆宗教のみならず、植民権力、朝鮮の知識人など様々な勢力によっても利用されていた。そのような「鄭鑑録」の利用および排除の様相から逆照明される、植民地朝鮮の姿を描き出そうと試みる。

なお、巻末には、一九二〇年代の新都内地域における宗教村の姿を収めた『新都内写真』を載せた。同地域に所在した民衆宗教と寺刹などの宗教施設や仏像をはじめ、新都内全景と市場の風景が撮影されたこの写真帖は、その実状が詳細に把握されていなかった植民地期の新都内宗教村の状況を把握する上で貴重な資料である。所蔵者の許可を得て、巻末付録として載せておく。

註

（1）　例えば金泰勲は、「「帝国日本」は、「日本帝国＝日本」が周辺地域を植民化しつつ、その圏域内においては支配／被支配、抵抗／協力の交差関係が形成され、「自帝国内に転覆と横領の不安を抱えながら」も植民地と「内地＝本国」の連環によって形成、維持される状況を指す分析概念」として定義した〈金泰勲「一九一〇年前後における「宗教」概念の行方──帝国史の観点から」〈磯前順一ほか編著『植民地朝鮮と宗教──帝国史・国家神道・固有信仰』［三元社、二〇一三年］〉、三三頁〉。また内田じゅんは、植民地期の在朝日本人集団を主導した移住定着民たちを、植民権力の代理人（agent）や手先（pawn）として植民権力と被植民者、植民本国の間を仲裁

した役割を果たした「帝国のブローカー（brokers of empire）」に規定し、植民地・植民本国の関係、在朝日本人集団内部の分裂と不一致などの様相を解明した。「植民地の現場で、日本帝国の統治の下に朝鮮民衆が遭遇したのは、一枚岩の植民主義体制ではなく、権力と影響力をめぐって競合する、相異なり時には相衝突する日本人集団であった」（内田じゅん著〔韓承東訳〕『帝国のブローカーたち』〈도서출판 길、二〇二〇年〉、四一頁）。本書はこうした研究視座から大いに示唆を受けたものである。

（2）天道教の青年勢力によって一九三一年に結成された天道教青友党は、解放以後、「民族自主の理想的国民国家建設、事人如天の精神に即した新倫理の樹立、同帰一体の新生活理念にもとづく新経済制度の実現、国民皆労制の実施による日常輔国の徹底」の四大綱領を打ち立て、南北分断を克服するための統一政府建設運動を進めるなど新国家作りを主導した。だが、米ソ対立の状況下で南北に独自政府が樹立され、天道教青友党は解散し、主要幹部は越北して北朝鮮天道教青友党を結成した。これに関しては次の研究を参照されたい。林炯眞『東学の政治思想――天道教青友党を中心に』（모시는 사람들、二〇〇二年）、成周鉉「解放後天道教青友党の政治活動と統一政府樹立運動」（『문명연지』二（二）、二〇〇一年）、六九～一一〇頁。大倧教の場合、大韓民国臨時政府要人の多くが大倧教徒であった点もあって、米軍政下および李承晩政権では政府の要職に大倧教徒を登用し、開天節などの大倧教の教内行事は国家の行事として採用された。解放以後の大倧教の再建と政府との関係については、佐々充昭の研究に詳述されている（佐々充昭『朝鮮近代における大倧教の創設――檀君教の再興と羅喆の生涯』〈明石書店、二〇二一年〉、一四～二〇頁）。

（3）전지니「「鄭鑑録」と「幸運の手紙」――二つの戦後、一つの運命論」（『大衆叙事研究』二二（三）、二〇一六年）、四五～八一頁。

（4）研究会の名称も、「類似宗教研究会」であったが、調査委員たちの反発によって最終的に修正されたのが「新興」を含めた「新興及類似宗教研究会」であったという。調査委員たちは、「類似宗教」とは植民地期に日帝によって命名されたものであるため、適切な名称ではないと反発した上で、よりニュートラルなニュアンスの「新興」を付け加える案を提示した（柳秉徳ほか「創刊特集：韓国新宗教学会第一回学術大討論会：新たな時代の新宗教」〈『新宗教研究』一、一九九九年〉、四四～四五頁）。一方、柳炳徳は、近代新宗教を植民地期の朝鮮民衆が

築き上げた「健全なる思想と哲学」であったとする議論を展開し、その上で五大民衆宗教論という新たな枠組みの提示を行った〈柳炳德編著『韓国民衆宗教思想論』〈시인사、一九八五年〉〉。

（5）허영란「民衆運動史以後の民衆史――民衆史研究の現在と新たな模索」〈歴史問題研究所民衆史班『民衆史を語りなおす』〈역사비평사、二〇一三年〉〉、二八頁。

（6）民乱と変乱は、主導勢力、動機、展開過程、地域的範囲において異なる様相を呈する。民乱は、地方官・吏胥の不当な賦税に対する農民の反発が主な動機となり、貧農・小農などの農民層が主導し、最小の行政組織単位で通文の発送と民会の開催を通じて等訴を決定する〈たちまち暴力化する場合も多かった〉。一方、変乱は、中央官職に進出せず、郷村社会でも経済的基盤を持たなかった没落両班〈寒儒・貧士など〉が、「鄭鑑録」など異端的な民間信仰を思想的支柱として現状への不満を抱き、反体制的な志向をもって起こす乱のことを指す。変乱の発生地域や参加人物は一地域を越境して展開され、その順序も貧民・流浪民を動員してまずは郷村社会を掌握し、最終的には首都を占領することが計画される場合が多い〈高成勳ほか『民乱の時代――朝鮮時代の民乱と変乱』〈가람기획、二〇〇〇年〉、裵亢燮『朝鮮後期民衆運動と東学農民戦争の勃発』〈景仁文化社、二〇〇二年〉〉。

（7）裵亢燮註（6）前掲書。

（8）윤정란『韓国戦争と基督教』〈한울아카데미、二〇一五年〉。

（9）尹以欽「民族宗教育成方向」〈『韓国宗教研究』一〈集文堂、一九八六年〉、二八三～三〇三頁〈初出は『政策研究』一九八五年六月号〔国際問題研究所〕〉〉。

（10）佐々充昭註（2）前掲書、三六頁。

（11）こうした研究動向について、詳細な紹介と議論は次の諸論考を参照されたい。並木真人「植民地朝鮮における「公共性」の検討」〈三谷博編『東アジアの公論形成』〈東京大学出版会、二〇〇四年〉〉、松本武祝『朝鮮農村の「植民地近代」経験』〈社会評論社、二〇〇五年〉、同「朝鮮における「植民地的近代」に関する近年の研究動向――論点の整理と再構成の試み」〈宮崎博史ほか編『植民地近代の視座――朝鮮と日本』〈岩波書店、二〇〇四年〉〉、板垣竜太『朝鮮近代の歴史民族誌――慶北尚州の植民地経験』〈明石書店、二〇〇八年〉など。

（12）板垣竜太註（11）前掲書。

(13) 趙景達『朝鮮民衆運動の展開――士の論理と救済思想』(岩波書店、二〇〇二年)、同『植民地期朝鮮の知識人と民衆――植民地近代性批判』(有志舎、二〇〇八年)。
(14) 趙景達註(13)前掲書『植民地期朝鮮の知識人と民衆』、二頁。
(15) 宮田節子『朝鮮民衆と「皇民化」政策』(未來社、一九八五年)、一二～一五頁。
(16) 磯前順一『近代日本の宗教言説とその系譜――宗教・国家・神道』(岩波書店、二〇〇三年)。
(17) 青野正明『植民地朝鮮の民族宗教――国家神道体制下の「類似宗教」論』(法藏館、二〇一八年、初版は『朝鮮農村の民族宗教――植民地期の天道教・金剛大道を中心に』〈社会評論社、二〇〇一年〉)、七頁。
(18) 磯前順一註(16)前掲書。
(19) 尹海東「日本における韓国民衆史研究批判――趙景達を中心に」(『韓国民族運動史研究』六四、二〇一〇年)、四六七～四九六頁。
(20) 趙景達註(13)前掲書『朝鮮民衆運動の展開』。
(21) 尹海東「「植民地近代」と宗教」(磯前順一ほか編著註(1)前掲書)、三六三頁。
(22) 朝鮮総督府の宗教政策を取り上げた研究として、平山洋「朝鮮総督府の宗教政策」(源了圓ほか編『国家と宗教――日本思想史論集』〈思文閣出版、一九九二年〉)、韓晳曦『日本の朝鮮支配と宗教政策』(未來社、一九八八年)、姜渭祚著(沢正彦ほか訳)『日本統治下朝鮮の宗教と政治』(聖文舎、一九七六年)などがある。
(23) 諸点淑『植民地近代という経験――植民地朝鮮と日本近代仏教』(法藏館、二〇一八年)。
(24) 川瀬貴也『植民地朝鮮の宗教と学知――帝国日本の眼差しの構築』(青弓社、二〇〇九年)。
(25) 青野正明註(17)前掲書。
(26) 青野正明『帝国神道の形成――植民地朝鮮と国家神道の論理』(岩波書店、二〇一五年)。
(27) 佐々充昭註(2)前掲書。

第一部　植民地朝鮮の終末思想——近代の予言と『鄭鑑録』の誕生

第一章　一九〇〇〜一九一〇年代の予言と朝鮮の民衆

はじめに

本章では、一九〇〇〜一九一〇年代にかけて民衆の間で活発に流通していた様々な予言とそれに関する解釈に焦点を当てる。ここでの予言とは、人知を超えた超越的かつ不可知論的な領域に属するものを指すのではない。本章の関心は、予言を民衆のナラティヴとして読み直すことにある(1)。そのことによって、そこから垣間見える植民地近代を生きた民衆の複雑な精神世界の一端を明らかにするとともに、一九二〇年代以後、本格的に展開された民衆宗教の前史をより動態的に把握することを目的とする。

朝鮮の予言といえば、おそらく李氏王朝の滅亡と鄭氏王朝の出現を内容的骨子とする、「鄭鑑録」を思い浮かべる人が多いだろう。朝鮮王朝期において反王朝を掲げて発生した政治的反乱、および植民地期の民衆宗教においては、終末論的な民間信仰の影響が繰り返して現れている。「鄭鑑録」は、こうした民間信仰のエッセンス、またはその類を総称するものとしてこれまで多くの研究者からの注目を浴びてきた。そこでは、「鄭鑑録」に対する民衆の信仰や思想が、社会変革を志向する抵抗的な社会運動の発生と展開にどのように接合していたのかを究明することに主眼が置かれてきた。

ここではさしあたって、一九、二〇世紀に頻繁に発生した朝鮮民衆運動の原動力を、民衆の「士」意識と儒教的民本主義の政治文化、および民衆の救世願望から考察した趙景達の議論における「鄭鑑録」思想の位置づけをみてみよう。趙は「鄭鑑録」に対して、自らの政治主体化に至らなかった民衆が、「真人」と称されるメシア的人物、および「南朝鮮」というユートピア的空間に救世願望を仮託したのが「鄭鑑録」思想であり、その点においては民衆思想としては未熟であるとの評価を下している(2)。

しかし、民衆の終末論的思想に対して、民衆の主体形成という観点のみでその歴史的な評価を与えることは、はたして妥当であろうか。むしろ、そうした観点では、長きにわたって民衆の間で持続されてきたこの思想の奥深さを見逃し、そこに潜んでいる多様な可能性を矮小化してしまう恐れがあるのではなかろうか。植民当局は、近代的な教育の普及を通じて民衆の啓蒙を促し、終末論的教義を説く民衆宗教など「迷信邪教」を厳重に取締ることによって、予言の持つ影響力を根底から撲滅しようとした。それにもかかわらず、植民地支配が終了するまで、終末論的思想は民衆の間で再生産され続け、「予言の共同体」ともいえる小規模の秘密結社も途絶えることなく誕生し続けていた。だとすれば、民衆の終末論的思想を論じる際に問われるべきは、こうした前近代の思惟が、なぜ近代以降にも民衆を牽引する強力なメカニズムになり得たのかという問題であり、具体的には前近代の終末論的予言が近代に持続と拡大、そして再生産されていく様相に注目する必要があるのではなかろうか。

本章では、以上の問題関心に基づいて、一九〇〇年代から一九一〇年代にかけての終末論的予言を分析する。植民地統治の本格的な開始前後の時期における民衆の動向については、資料上の制約もあって研究の蓄積が少ない。一方、植民地期の民衆宗教研究も、民衆宗教教団の活動が活発に行われた一九二〇年代以降を対象とするものが多数である。以下では、その前史となる一九〇〇年代から一〇年代にかけての時期を対象に設定し、分析を行うことによって、それ以降に植民地朝鮮社会の前面に浮上してきた民衆宗教の下敷きとなる民衆の思想の一端を明らかにすることの一助としたい。

一　一九〇〇年代の民衆と予言

(一) 差し迫る終末、召喚される予言

一九世紀末から二〇世紀初頭にかけての近代啓蒙期は、前近代の東アジアを強く規定してきた中国を中心とした国際秩序が大きく揺らぐなか、それに対応して朝鮮国内の情勢も刻々と変化していった混乱の時代であった。日清・日露戦争という二度にわたる戦争の勃発、日本の保護国化と統監府の設置、韓国併合および朝鮮総督府の設立に至る過程で、朝鮮は独立国としての地位を喪失し、日本の植民地支配下に編入されていった。国内では、自主独立と文明開化を志向した独立協会などの民間勢力が、政治権力の構造をめぐって皇帝と競合するなかで皇帝の絶対権が強化されていった。しかし、日露戦争の勃発によりその皇帝権も弱化し、それを機に、近代市民社会を志向した諸集団は活発な言論運動を展開し、近代国家形成に関する多様な言説の場を生み出していった[3]。

こうしたなかで、近代啓蒙期とも呼ばれる当該期を生きた知識人に要請された時代的課題は、「どのような近代国家を作るべきか」という問いから、「いかに亡国の危機を乗り越えるのか」という問

いへとシフトしていった。亡国の危機を国民の統合を通じて乗り越え、朝鮮を近代国家として立て直して独立国としての地位を回復することが喫緊の課題として浮上してきたのである。彼らの間で国家構想や運営に関する路線は多岐にわたっていたが、個人と国家との有機体的関係、社会進化論と文明論に即した競争の原理、近代的教育による民衆の国民化を通じて、一刻も早く近代的な国家を創るべきであるとの考えは共通していた(4)。

それでは、はたして民衆の動向はどうだったのか。国の至る所で亡国への危機感が噴出していた一九〇五年から一九一〇年代までの時期に、民衆の間で最も支配的であった感情は、朝鮮の領土から追放され、自らの生存と財産を剝奪される事態が生じるかもしれないという恐怖と不安であった(5)。そしてその恐怖と不安とは、植民地化という前代未聞の状況に対して、残酷な殺戮と物理的な暴力をともなう戦争の経験を民衆に喚起したようである。例えば、韓国併合の直前、当時大韓帝国の首都であった漢城市内では、そうした民衆の危機感が一層強く醸成されていた。

ここ数日、巷間のデマを聞くに、何万人の日本軍隊が城中〔引用者註：漢城〕の人々を殺戮するだの、数千人の平壌軍隊が上京して日兵と大戦闘を引き起こすだの、或は南山に掛けられた大砲が今夜撃たれるだの、或は我が太上皇帝陛下が日本へ行幸されるだの、或は何百人の米軍が昨夕入城しただの、影も形もない噓が人から人へ言い伝えられながら訛伝され(6)〔後略〕

外国の軍隊が侵攻し、国の首都は戦場と化す。民の指導者である皇帝が国を離れ、大殺戮が全国を襲う。植民地化という前代未聞の事態は、このように暴力的な衝突をともない、国を荒廃化させ、無数の人命が犠牲になる戦争の暴力的な経験を民衆に喚起させるものであった。朝鮮の領土内で展開した日清・日露戦争から直接的かつ物理的な被害を受けていた民衆にとって、その危機感はかなりのリアリティーを帯びていた。戦争は、外国の軍隊による軍需物資の徴発、民間人の略奪、頻繁に発生した戦争犯罪など、朝鮮の経済的基盤を大きく弱化させるとともに、民衆に多大な経済的・精神的苦痛を与えた(7)。

あわせて、民衆の実存を脅かしたのは、連年の自然災害と飢饉、そして伝染病の蔓延であった。一八九五年から一九〇六年までの、ほぼ一〇年間にわたって、旱魃と洪水が全国的規模で発生し、農作物の全体的な収穫量は大幅に減少した。食糧不足は慢性化し、物価が騰貴するなか、穀物の国外搬出は増加して民衆の苦痛は度を増していった。加えて、原因不明のために「怪疾」とも呼ばれたコレラをはじめとする多様な伝染病が、開国と戦争を機に国境を越えて朝鮮に伝播し、衰弱していた民衆の日常をより疲弊させた。こうした伝染病は、外国軍隊の国内移動にともない全国各地に広まっていったが、混沌とした国内情勢下で国家の賑恤《しんじゅつ》システムはかかる現状に素早く対処しきれなかった。災難に対する適切な措置が講じられず、被害が増幅していった点において、それはむしろ人災の性格が強かった。

こうしたなかで、民衆の亡国に対する時代認識と、国民と国家の統合を唱えた近代啓蒙期の知識人のそれとの間には、当然ズレが生じていた。亡国と植民地化という政治的急変に際しての漠然とした恐怖と不安、災害や疾病など日常の隅々に潜伏していた実存的な危機に疲れ果てた民衆の間では、何よりも強烈な終末論的集団心性が形成されていた。ここで重要なのは、こうした終末論的集団心性は、知識人の危機感とは異なり、必ずしも国家の再興といった方向に展開していたわけではないという点である。キリスト教系知識人の尹致昊は、当時の民心を自身の日記に的確に書き留めていた。

韓国人皆が、今年こそが現王朝の最後の年であると思っているようである。さらに悪いことは、そうした考えは、彼らの願いから起因することである。(8)

生存が脅かされる強烈な危機意識が民衆の間で共有されるなか、前近代の予言が再び喚起され、人口に膾炙していた。そしてその予言を妄信し、自らの命を救うために避難先に旅立つ民衆の姿は、近代国家の至急の建設を訴える知識人にとって批判と憂いの対象となっていた。

それでは、当該期にはどのような予言が流通していたのか。**表1**は、一九〇〇年代の新聞と雑誌の記事で言及された予言をまとめたものである。もちろん、これらの記事はいずれも知識人たちによって作成されたものであるため、当時民衆の間に流通した予言の全貌を反映しているわけではない。しかし、当該期の朝鮮社会で最も盛行し、よく人口に膾炙した予言であるといえるだろう。

表1の予言は、内容に即して二つのカテゴリーに大別できる。まず、危機状況に際して、命を救うために安全な場所への逃避を選ぶ民衆の動向に言及するものである。なかには、現世の終末と戦争の危機から身を守れる場所を暗示するもの（「十勝地」「求人種於両白」「某山某洞、即三災不入、可活万人之地」）と、保身の条件や手段に関するもの（「先入者還」「富貴者衰、貧賤者生」）がある。次いで、現

表1　1900年代の新聞・雑誌でみられる予言

①	1899年12月19日	「十勝地」「求人種於両白」「先入者還」「弓弓乙乙歌」
②	1907年7月	「弓弓乙乙」「南朝鮮等」
③	1907年8月6日	「十勝之地」「弓弓乙乙」「利在田田」「殺我者、小頭無足」
④	1907年8月24日	「十勝之地」
⑤	1907年9月19日	「富貴者衰、貧賤者生」
⑥	1908年2月11日	「弓弓乙乙」「避乱」
⑦	1908年7月	「南朝鮮」
⑧	1908年9月	「某山某洞、即三災不入、可活万人之地」 「南朝鮮、鶏龍山等処、自有待時之英雄異人」
⑨	1908年10月	「鶏龍石白」「草浦船行之日」
⑩	1908年10月	「南朝鮮」「鶏龍山」「青鶴洞」「十勝地」
⑪	1908年11月3日	「勝地」
⑫	1910年10月12日	「聖歳秋八月、仁富間夜泊千艘、時事可知」 「仮政三年、真人出自海島中」「方夫人戈口或多禾」
⑬	1915年5月6日	「高麗朝、開城百年、李朝、漢陽五百年、鄭氏、嶺南付近に都を定め」

出典：①「鄭勘録不足信」『皇城新聞』、②金甲淳「腐儒」『大韓協会会報』四、③「社告」『大韓毎日申報』、④「秋水為歌」『大韓毎日申報』、⑤果川農夫「投書」『大韓毎日申報』、⑥「和九曲棹歌」『大韓毎日申報』、⑦松南「竊為我咸南紳士同胞放声大哭」『太極学報』二三、⑧金光濟「六派の習慣を劈破、然後に可以自保」『大韓協会会報』六、⑨李沂「答李康濟書」『湖南学報』五、⑩尹柱赫「青年同胞」『湖南学報』四、⑪「韓人の痴想」『大韓毎日申報』、⑫「鄭鑑録を利用」『新韓民報』、⑬「鄭鑑録を材料に、嶺南の富者を恐喝・取締」『毎日申報』

状の認識と朝鮮の運命に関するもの（「鶏龍石白」「草浦船行之日」「聖歳秋八月、仁富間夜泊千艘」「仮政三年、真人出自海島中」「南朝鮮、鶏龍山等処、自有待時之英雄異人」）がある。これらは、当時の政局と関連して解釈され、日本の植民地化を歴史的当為として理解するようなものであった。以下では便宜上、前者を「十勝地」系、後者を「王朝交代」系と称する。

日常生活の持続を望む生活者としての民衆が終末論的危機状況に直面した際に何よりも重要なのは、いかに生き残るかという方法の模索である。そこで、乱を避けての移住という戦略は、民衆にとって最も直観的な方便であっただろう。そしてその際、長きにわたって伝承されてきた民衆の経験と記憶によって形成された民衆的知の体系として、前近代の終末論的諸予言が再び召喚された。終末が襲ってくるという現状認識、危機から逃れる方法としての移住という戦略、命を守れる移住先の選定に至るまで、予言は民衆にとって情報提供の手段であり、判断の基準ともなっていた。

かかる民衆の動向に、当該期の知識人は猛烈な批判を加えていた。彼らにとって予言とは、国民の統合と国家の形成が緊迫性を帯びた時代的課題として切に要請される現今に、民衆の啓蒙と文明化の達成を妨げる、旧習と迷信から脱しない民衆の愚かさとその弊害を物語るものでしかなかった。なかでも別格にその弊害が甚だしいと酷評されたのが、「鄭鑑録」であった[9]。国民たる義務を捨てて個人の保身のみを追求し、安全な地を求めて移住という選択肢を選ぶ民衆の姿が批判され、その背景にある前近代的迷信と旧習を代表するものとして、「鄭鑑録」の表象が作り上げられたのもこの時期である。

京郷紳士豪富、鄭勘《ママ》録を秘授し、諸を掌に視、諸を心に存す。所謂「十勝地」「求人種於両白」

云々なり。別業を営求し、養属を提携して、穀無く塩無きの乱峰絶峡に入りて、死亡相属す。親戚を離れ、墳墓を棄て、決然捨去し、財産を蕩敗し、狼具而帰の者、十居八九にして、猶ほ覚悟すること非ず(10)。

実際、この時期にどれほどの民衆が移住を断行していたのかを把握できる統計は見当たらないが、民衆の移住はかなり一般化した社会現象であり、それに言及する知識人の発言も多くみられる。だが、一九一〇年代に入れば、民衆全体からみられる直接的な移住の傾向は減少し、新たな思想や信仰から救世を求め、信仰共同体的な宗教教団への帰依という形での移住が顕著となっていく。

(二)「十勝地」探し

表1の「十勝地」系の予言は、「鄭鑑録」の核心的な予言である「鑑訣」のなかでもみられる。「鑑訣」文中における、身を守る場所と方法に関するくだりを抜粋してみれば以下の通りである。

（一）沁曰く、〔中略〕後人稍知覚有る者は、深く子孫を大小白の間に蔵すること可なり。鄭曰く、蓋し人世身を避くるは、山に利あらず、水に利あらず、最も両弓を好しとす(11)

（二）淵曰く、十勝の地は尤も身を避くるの地に好し、然るも鳥嶺前後の大路を奈何。鄭曰く、鳥嶺は城を築き、大軍海に浮び、航して南、全州に入り、湖中の賊民党を聚む。則ち或は津頭に於ての三字あり華津両西の人民殺害せられむ。故に此の十処は、兵火入らず、凶年入らず、此れを捨て丶人何ぞ居らむ。張氏義を唱へ、乱を首むるは、期、庚炎に在り。知覚有る者は、此時に十勝を去るなり。然して先きに入る者は還り、中ごろ入る者は生き、後れて入る者は死す。淵曰く、此の十処は、則ち四面此の如し。是の如くなれば歉歳凶年入らず。蓋し山水の法、奇なる哉。後ちの知覚有る者、行乞して入ると雖も可也。[12]

（一）に現れる「弓弓」「弓乙」とも表現される「両弓」という語句は、一九世紀頃に朝鮮社会全般に幅広く流布し、よく人口に膾炙した予言であった[13]。その解釈は、当初には戦乱から身を守ることができる避難所を意味するものであったが、次第にその意味が拡張し、変容していった。このように、固定した解釈の不在は、一方では同予言に対する様々な解釈の可能性を開いた。例えば、朝鮮後期に発生した反乱においては、「両弓」は新たな国を建立すると予想されるメシア的人物である真人の名前を暗示するものと解釈され、それを主謀者の名前に重ねることで蜂起の正当性を担保する論理を提供したり、蜂起集団内部の暗号に活用されたりすることもあった。東学の創始者である崔濟愚は、民衆に根差していた「弓弓」「弓乙」の予言を積極的に採用しつつも、それに独自の意味を付与していた[14]。

（二）は、戦禍を被らず、凶作にもならない場所「十勝地」に関する内容である。民衆の間では、「十勝地」の目録が伝承されていた。「十勝地」として挙げられる地域のほとんどが、朝鮮の南地方に集中しているため、この「十勝地」に関する信仰は南朝鮮をユートピア的空間として設定する「南朝鮮信仰」をも派生させた。近年の研究によれば、この目録の原型は、丙子の乱（一六三六～三七）に際して北方から押し寄せてきた清軍を避けて、首都を離れ南方に避難した民衆の歴史的経験、および比較的に戦禍を被らなかった地域に対する記憶の集団的な伝承により築き上げられたようである。[15]

では、この「十勝地」信仰に基づいて展開された民衆の移住という選択を、どのように評価すべきであろうか。確かに、避難という選択は自らの保身を優先する強い現世指向性を帯びており、ここから民衆の主体化や変革への可能性を読み取ることは難しい。それゆえに、従来の研究では、「十勝地」へ避難する民衆の消極的で現実逃避的な限界を指摘する一方、「十勝地」を民衆が置かれていた現実的な諸矛盾から起因する様々な念願を反映したユートピア的空間として把握していた。[16] しかし、兵火と凶作の被害がない空間という設定は、生存に必要不可欠な前提条件でもある。ゆえに、「十勝地」から民衆のユートピアを見出すには、やや無理がある。

そもそも、保身と避難を目的とする移住という行為に下される否定的な評価は妥当なのか。現実の諸矛盾に正面から立ち向かって戦うことを選ぶ者は、民衆の全体からみれば極めて少数であり、平凡な多数の民衆は、一生蜂起や抵抗とは無縁な生き方を選んでいた。多数の民衆による移住という選択も、消極的な形態ではあれ支配秩序に対する抵抗の一形態であり、支配当局の政策方針にも影響を及ぼしていた側面もあった。[17] さらに重要なのは、移住という行為の背景には、現状に対する民衆の強烈な危機意識があり、移住はその対応策として模索された様々な実践の一つに過ぎない点である。伝承する予言のなかには、「十勝地さえも無用な状況」とし、「十勝地」への移住ではない生存策が提示されたものもあれば[18]、西北地域を中心に本格的な布教を行っていたキリスト教の信仰から真なる「十勝地」を見出し、心理的な移住を断行した民衆もいた。

朝鮮に初めて入ってきたキリスト教に対して、民衆は訝《あや》しい異教として強い警戒心を示していた。

一八八八～八九年には、異邦人の宣教が幼児を人食いするというデマが出回り、政府が公式に事実無根の流言であることを明らかにしてから事態が一段落した事件もあった。このような状況で、日清・日露戦争の勃発によりキリスト教の朝鮮布教は大きな分岐点を迎えることになった。両戦争の戦場となった西北地域では、外国の軍隊が教会に対する攻撃を控えていたが、それを目撃した民衆は、キリスト教と教会が持った政治的な力から、自らの財産と命を預ける新たな避難所として教会を頼っていた[19]。同地域では、瞬時に至る所に教会が設立され、平壌は「東洋のエルサレム」と称されるほど、短期間に教勢が拡大されていった[20]。

ここで興味深いのは、民衆がキリスト教信仰を理解する上で、終末論的な予言の解釈に十字架などキリスト教の象徴を重ねていた点である[21]。その際、漢字文化圏ならではの破字（glyphomancy）の原理が両者を結合させる役割を果たしていた。漢字は、単独でも意味を持つ字画の単独または複数の結合により構成される。漢字を構成する字画を離合させ、一種の暗号化した用法が破字法である。もちろん、破字のみでは信仰の直接的な契機につながらないが、この文化的要素は近代的信仰や外国の教理に対し、時には漢字およびその伝統の神学的・哲学的優越性を主張する特徴を持つ[22]。

一部のキリスト教信者は、真なる「十勝地」を、漢字の「十」に似ていたキリスト教の十字架の形状から見出していた。江華地域の金商霖という人物は、聖書を何回も読み直すなかで、ついに「十勝地」とは「十字架之道」であるとの悟りを得るに至ったという[23]。当時民衆の間で広く流布していたものの決まった解釈が存在しなかった不可解の予言「弓弓」も、キリスト教と連関させて解釈された。一八九四年にキリスト教へ改宗したある人物は、十字架の形状から『マタイによる福音書』文頭にある「亞伯羅汗《アブラハム》」という人名に注目し、「亞」の字を破字すれば「弓弓乙乙」になること、また「亞」の字はその中央が十字架の形状をしていることから、「弓弓乙乙」の真の意味は十字架であるとの結論を下した。

さらには、鄭氏王朝の建設者として予言された鄭氏を意味するものとして民間に広く知られていた「鄭道令《ジョンドリョン》」に対しても、新たな理解を提示した。従来、超越的な個人の出現を意味した同語を、同音異義語の「正道《ジョンド》」に当てることによって、「正しい道に従えば、寧《リョン》になる〔引用者註：平安になる〕」という救済の原理としてのキリスト教信仰を意味するものに読み替えていた。同じく、「鄭鑑録」の著者とされる鄭鑑という人物に対しても、「主の十字架の道を百姓たちに知らしめた」先知者に位置づけていった。

(三)「聖歳」と真人

次いで、「王朝交代」系の予言、「聖歳秋八月、仁富間夜泊千艘、時事可知」「仮政三年、真人出自海島中」「方夫人戈口或多禾」に関してみてみたい。

まず、その解釈からみてみよう。当時、「聖歳秋八月」の「聖歳」とは、聖人である孔子の誕生年の干支に該当する庚戌の年、つまり一九一〇年と解釈された。また「仁富間夜泊千艘」は、韓国併合の直前に、仁川と富平の間の海に停泊した日本軍の艦隊を暗示するものであり、あわせて一九〇八年以後の日本の植民地統治を示すものとして理解された。一方、「仮政三年、真人出自海島中」に関しては、統監府による三年間の統治期間が「仮政三年」であり、その臨時的な統治が終われば、「真人出自海島中」、つまり日本から来た人物が朝鮮を統治することになるという解釈が加えられた。最後に、鶏龍山にある岩に刻まれたとされる「方夫人戈口或多禾」に関しては、「庚戌国移」を破字したもので、その意味は庚戌の年に国が移るという解釈がなされた。以上の予言とその解釈を紹介した論説では、歴代の国王と王妃の位牌が安置された宗廟に関する風説もあわせてふれている。その内容は、朝鮮王朝の国運が尽き、王室が途絶えるというものであった(24)。これらは、朝鮮王朝の滅亡とそれに代わる日本の朝鮮統治を運命的な帰結であるかのように解釈していた。近代啓蒙期の知識人が、こうした予言の解釈を日本人の捏造として猛烈な批判を浴びせたことも一見妥当な反応のように思われる(25)。

しかし、歴史的大転換の分岐を意味する「聖歳」や、真人の居場所またはユートピア的空間としての「海島」は、近代以前にも朝鮮の「外部」に対する想像力と頻繁に結合されて利用されてきた予言であった。朝鮮王朝から過酷な弾圧を受けていた天主教信者は、「聖歳」を聖人イエスの誕生年と解釈し(26)、西洋列強とローマ教皇が武器と軍隊を乗せた「大船」を送り朝鮮王朝を攻撃して自分たちを救い出すことを嘆願していた。さらには、政治的諸反乱で「海島」はしばしば朝鮮王朝の統治圏外にある地域または朝鮮王朝を倒す存在が出現する場所に設定され、反王朝運動の重要なモチーフとなっていた(27)。李氏王朝に対抗して新たな王朝を建設すると期待される真人に対して、許氏・崔氏・鄭氏・李氏など、複数の姓が共存するなかで次第に鄭氏に帰結していったのは、国内の政治闘争や反王朝運動に加えて(28)、明清交替期に台湾を拠点に反清復明運動を展開した鄭成功一家の影響が指摘されている(29)。

以上に鑑みれば、同予言を日本の植民地支配の現状と結びつけて解釈した主体は、日本人というよりは、民衆自身であったとみたほうが妥当であろう。しかし、それは決して民衆が日本の植民地支配を承認したことを意味するわけではない。たとえ日本の統治が運命論的に予定されていたとしても、同予言が不動の前提としていたのは、循環論的歴史観に即した新たな時代の到来に対する民衆の期待と確信にほかならなかった。現状に対する民衆の危機意識と変革への渇望が、現状の支配的秩序と権力を転覆させる存在として無数の「外部」を生み出したのである。日本の支配が運命論的な帰結として説明されたとしても、それは結局のところ民衆の予言に対する信憑性を高め、究極的には循環論的に到来する新時代への確信を強化する結果に連なっていた。

二　一九一〇年代の民衆と予言

一九一〇年一〇月、第三代統監を務めた寺内正毅が初代朝鮮総督に着任し、朝鮮の植民地統治機構である朝鮮総督府がその公的な業務を開始した。朝鮮総督府の初期の課題は、治安の維持や殖産興業の振起、朝鮮人の精神的同和であった(30)。この時期は義兵活動などの抗日運動が活発に展開された一方、民衆の間では戦争のパニックが一段落していた。しかし一方では、早婚の禁止、種痘、墓地の取締りなど、民衆の日常の隅々にまで侵入した新施政の統制と規律に対して、民衆の不満は徐々に蓄積されていった。

この時期の民心の動向に関する研究は少ないが、忠清南道憲兵警察の民間情報資料『酒幕談叢』を発掘し、そこからみられる民心の特徴をまとめた松田利彦の研究が先駆的である(31)。松田によれば、民衆は、日本の支配を朝鮮王朝期の支配体制と断絶したものと認識し、その断絶の一部を「文明化」

「近代化」として理解していた。一方、生活面における具体的な諸施策に対しては、民衆の否定的な反応が圧倒的であったが、そうした生活者としての心性こそが抑圧的な植民地支配政策に対する不満を生じさせ、「植民地的近代」が浸透できない精神領域を存続させた。なお、辛亥革命や第一次世界大戦など、同時代の国際的事件に対して、民衆は正確な知識を得ていないとはいえ、相当の関心を寄せており、それは生活者としての防衛主義的心性に連動しながら日本に対する民衆の感情をより複雑にさせた(32)。

(一) 信仰と利益――『酒幕談叢』の宗教関連談話

忠清南道憲兵警察が作成した民間情報資料『酒幕談叢』は、「市場張開日」に変装した憲兵警察が「酒幕」に入り込み、そこで聞き取った民衆の談話を採録したものである。採録の範囲は、「政治、経済、宗教、教育、徴税、農、商、工業等ニ関スル事柄其ノ他諸種ノ浮説、訛伝、巷説等(33)」など多岐にわたる。**表2**は、宗教・風説関連の内容をまとめたものである。キリスト教・救世軍・天道教・侍天教、そして「鄭鑑録」と鶏龍山、「車天子」などに関する内容である。全三九件のなかで、最も多いのはやはり予言である。

宗教関連の談話のなかで最も頻繁に言及されるのは、「利益」という言葉である。「社会ニ対シ何等利益スル事ナク徒食スルノミ」の朝鮮僧侶に対する批判(⑮)、信仰を持つことによる損得の計算(㉖)、入信しても何の利益ももたらさない救世軍やキリスト教への冷笑的態度(㉝㉞)など、利益を得られるかどうかが民衆の間では信仰を持つことの主たる動機となっていたことが確認できる。それ

表2　『酒幕談叢』宗教・風説関連談話

忠清南道警務部『酒幕談叢』（一九一二年版）

憲兵分隊	公州	三十年位ノ男曰ク鶏龍山下陶基地ニアル大ナル基礎ノ石ガ動クカラ妙ダネー、傍ノ一人曰ク彼ノ石動キ鶏龍山頂ニアル石白クナレバ近ク鄭氏来リテ都スルナラント云フ（二丁裏）	①
		車天子ハ公州カラ皈ッテ来タ処ガ顔ガ前ヨリ肥テ居ル彼ハ常人ヨリモ違ッタモノト思ハレル（二〇丁表）	②
	天安	公州鶏龍山ニ居ル車天子ノ弟子カ此近所ニモ沢山居ルシ咸鏡道及平安道ニ多ク居ルカ死ダ後ニ別ノ神仏ニナルト云フ事ハナイカ彼ハ文字ヲ能ク知テ居ルト云フモノアリ（五丁裏～六丁表）	③
		公州郡鶏龍山ニ先日両ニテ石碑ガ一個出タガ碑面ニ正穪トノ二字有ルヲ以テ朝鮮進士等ガ解訳シタ処穪ノ字ハ□下種麦トノ意味ナリト云フ故ニ昨年ヨリ麦ヲ早ク蒔ケトノ意味ナリト（六丁裏～七丁表）	④
	礼山	今迄ノ朝鮮ノ僧侶ハ□レト乞丐同様ニ取扱ヒシタルモ内地ノ話ヲ聞クニ内地ノ僧侶ハ紳士ノミニテ今カラ漸次内地僧侶カ朝鮮ニ来リ従来ノ朝鮮僧侶ヲ追ル紳士ニ取リ立ツトノ事ナレバ貧乏シタラ寺院ニテ子弟ヲ養育シテモラハナドト語リ居レリト（五丁表～同裏）	⑤
警察署	公州	元連山郡居車天子ト云フモノハ種々ナル流言蜚語ヲ唱ヘ愚民ヲ惑シテ曰ク仕事ヲ為サヽルモ口糊ヲ凌クノ途アリトカ又此処ハ不遠危険ナル事アルヲ以テ他ニ転居スベシトカ称シ自分モ其処ヲ退去シ公州郡麻谷寺ヘ転セシ処多クノ人民等ハ彼ノ言ヲ信シ約七十名位ハ連山ヲ退去セシ風説アリ果シテ事実ノ如何ハ知ラサレト車天子ハ又麻谷寺ノ人民等ヨリ放逐セラレタリトカ又ハ日本人ニ殺害サレタルトカ言フ説アリ云ムト謂レリ（一〇丁表～同裏）	⑥
	大田	連山郡食汗面新都内ニ車天子ト称スルモノアリ三年不食不衣深ク修業ヲ積ミ脱俗入山能ク未来ノ事ヲ感知シ弟子幾千名ヲ有ス近日弟子ニ対シ新都内地方ハ久シカラズ火雨至ラントス十一生月□方ハ公州郡麻谷寺方面ナリ吾ニ随従スル者ハ安全ナルヲ得ベク然ラサル者ハ悉ク死滅スベシト告ケ陰八月二十六日公州郡麻谷寺方面ニ移去セリ各所ノ弟子之ヲ聞キ家産ヲ放棄シテ随従スル者千余名ニ及ビ新都内ノミニテ全戸百余戸ニ達シタル由又数日前公州郡儒城付近ノ某ハ右車天子ノ許ニ行キ一日間跳座シテ朝鮮	⑦

⑦		ノ将来及清国ノ将来ヲ問フモ黙シテ答ヘズ依テ某ハ大ニ怒リ其方ハ天子ナド称スルモ自分カ如此斎戒シテ問フ処アルモ何等答フル処ナシ聾カ唖カト云ヒ其ノ居間ニ火ヲ放チタルニ家燃ヘテ頭部ニ火傷スルモ其ノ傷ヲ去ラズ故ニ付近ニ居リタル弟子来テ救ヒ出シタリ　而シテ尚ホ何等言ヲ発セザルニ付キ汝ノ如キ者ハ此地ニ置クヲ不得直チニ何地ヘカ退去ルベシ若シ聞カザレハ殺スト云ヒテ殴打シ又頭部ニ負傷セシメルニ付キ車天子モ遂ニ堪ヘズシテ何レヘカ立去リタリ弟子三千名ハ家財ヲ売リ捨テ跡ヲ追ヒ行キタリト又近次新都内ノ或ル城跡ノ礎石不断動揺ス之レ車天子退去シ何ヘカ変事起ル前兆ナラント（一丁裏〜三丁裏）
⑧		鶏龍山新都内ニ数丈ノ石碑ガ古来ヨリ立チアリシガ仝地ニ往キ該石碑ニ記シアル秘訣ヲ秘密ニ白紙数千枚ニ謄写シテ持チ行キタル者アリシガ其際或者ガ之ヲ見タルニ該文書ノ末尾ニ壬辰四月十五日登記ト抉ノ九字ガ明ラカニアリシガ此ノ全文ヲ見度キモノナリト（五丁表）
⑨	洪州	流来浮説ヲ聞クニ旧韓国王都地ノ運数カ五百年経過スレバ国末トナリ可シトノ説ト又ハ韓国ノ末ニハ仮政三年アリ倭王三年以後ニハ鶏龍山ニ王都カ開設セラル可シトノコトヲ解スルニ韓国末ニ仮政トハ前韓国時代統監府ノ門牌ニ掲付セシ文ニ仮政門ト記載シタルヲ以テ統監府三年ガ所謂仮政三年ニシテ倭王三年ト称スルハ日韓合併以後三年トナレバ鶏龍山ニ鄭氏ガ都ヲ定ム可ントト云ヒ日韓併合ノ結果ヲ運数ナリト認定シ自然ノ理ナリトノ説ト二ツアリマスガ何レガ至当デアリマショウ（四丁表〜同裏）
⑩		鶏龍山ノ下ニ石岩里ト称スル所アリ此所ニ居住スル車天子ト云フ者ハ千字文ニ書シアル天ノ字ト地ノ字ノミヲ平生読ミアリ故ニ其名ヲ天子ト称ス而シテ同人ハ本年陰八月頃ニハ鶏龍山ノ下ニ於テ戦争アル筈ナリト又近日公州郡麻谷寺ニ来リタルトキ其弟子数百アリ而シテ其ノ子弟等ガ戦争ハ何時アルヤト問ヒタルニ明年九月ニナレバ教ユベシト言ヒタリト（六丁表〜同裏）
⑪		耶蘇教又ハ聖教等ヲ信シアル者八九年以前ヨリハ悪意ノ者減少シタルモ間ニハ往々無法ナル言語ヲ放チ居ルモノアリ（七丁裏）
⑫	牙山	十月二十六日火泉トカノ耶蘇教宣教師英国人□士烈ナルモノ鮮人四名ヲ連レ当地並ニ天安方面ヲ巡回シタルガ以前ナレバ耶蘇教信者トナリテ外国人ノ勢力ヲ借リ日本人ノ壓制ヲ避クルノ必要モアランガ今日ニテハ何ノ要アリテ耶蘇宣教師ノ膝下ニアルヤ（四丁表〜同裏）

⑬			明治四十五年九月十九日忠清南道鶏龍山新都内ニ於テ鄭氏皇帝位ニ即位セラル、トノ浮説アリト（四丁裏～五丁表）
⑭			近来維鳩憲兵分遣所ニ於テハ此頃鶏龍山新都内ヨリ公州郡新上面東海洞ニ転居シ居車千字ト云フモノヲ引致取調中ナルガ其ノ内容ハ車千字ハ元来異人ニシテ前ヨリ韓国ノ亡ビル事ヤ其他先見ノ明アルガ為メ膝下ニ居ル弟子約三百名ニ至リ是ヲ以テ新都内居住ノ時連山憲兵分遣所ニ捕ラレ其処ヨリ逃走シ公州郡新上面東海洞ニ転居シ居タル処又維鳩憲兵分遣所ニ捕ラレタリ然ルニ百有余名ノ弟子ガ集マッテ該分遣所ニ車千字ヲ放免スベキヲ請願シ居レルガ一般村民ハ車ハ何十年以来何モ働ク事ナク始終千字文ノ内天地黄ノ三字ノミ読ミ居リタルシ併合後ハ天黄地ト順ヲ換ヘテ読ミ居レリト如何ニ車ニ先見アリト云フモ口先計リデ何事モナシ得ズ捕ラレタルハ愚ノ極リト誹謗シ居レリト（五丁裏～六丁裏）
⑮		瑞山	朝鮮在来ノ僧侶ハ社会ニ対シ何等利益スル事ナク徒食スルノミナレバ恰モ米ノ虫ニ異ナラズ（三丁表）
⑯			本年十一月カ十二月ノ内ニハ日本ノ　天皇陛下ガ皇太子殿下（東宮殿下ヲ指シテ）姓ヲ鄭氏ニ賜ヒ公州附近鶏龍山ニ於テ即位式ヲ挙行セラル、トノ風説ヲ聞タリ（五丁裏～六丁表）
⑰		保寧	高村ニ在ル耶蘇ハ信徒中品業不良ノ者ガアルカラ主旨目的ハ宜シイケレドモ一般百姓等ハ信用ナキモノト思ヒ居レリ（一丁裏～二丁表）
⑱			忠清南道鶏龍山ハ古ヨリ伝説ニテ若シ該山ノ岩石ガ白クナルト王都ニナルト一般朝鮮人ガ皆ナ知ル処ナルガ近来該山ノ石ガ白クナルハ不思議ノ事ナリト（六丁表）
公州憲兵隊本部・忠清南道警務部『酒幕談叢』第三巻（一九一四年二月）			
⑲	憲兵分隊	連山	此ノ頃孔岩里憲兵分遣所ヲ徹底スルト云フガ実際デアロウカ其ノ跡ニ巡査ヲ駐在サセルト云フガ嘘ダロウ此処ハ鶏龍山麓デ非常ニ危険ナ山中デ何時モ盗賊ガ出テル許リテナク新都内ノ近傍デアルカラ憲兵隊ヲ引上ルト云フコトハ全ク嘘ダロト思フ（一人）成ル程其レハホントダカ知ランガ公州郡庁デ此ノ憲兵隊ヲ引揚ゲテ駐在所ニスルト云フテ居ルヨ然スルト此ノ近辺ニハ金□ヲ持テルモノハ居ラレンダロウ此ノ憲兵隊ヲ引上タラスグニ賊徒ガ起ルダロウ憲兵ハ元ガ軍人デ銃ヲ持テ色々ノ事ヲ習フテ居ルガ巡査ハ何モ知ラズ只軍刀丈ケ持ツテ居ルノミデ此ノ軍刀ガ棒ヨリモ使ヒガヒノナキモノダカラネ（七丁表～同裏）

	天安	他人ハ何故ニ耶蘇教トカ天主教トカヲ信ズルノカ理由ガワカラヌ自分ハ侍天教ヨリ外ニ信ズルモノハナイ（一〇丁表）	⑳
		近来耶蘇教信者ハ各地トモ漸次増加ノ有様デ朝鮮人ノ入教スルモノ多イ而シテ此等ノ信者ハ何ノ意味モ解セズ漫然ト入教スルモノダカラ一年モ経テバ自ラ罷ムル西洋人ノ布教モ亦何等ノ意味アルニ非ズ　只信徒ノ数ヲ増スコトニノミ腐心シテ居ルヤウダ（一六丁裏）	㉑
		（一人）光武時代ハ一進会カ多クアツテ其ガ止ンダ后ハ耶蘇教徒ガ次第ニ殖ヘルガ近頃ハ耶蘇教員ガ市場ニ来テ本ヲ売テ居ルガ可笑シデス　（一人）其レハ無職ノ者ダカラ仕事ガナクテ食ヘヌカラデセウ（一九丁表～同裏）	㉒
	礼山	救世軍ト云フテ青年カ赤帽子ヲ被テ毎日遊テ居ルガ何ノ用カ一向ワカラヌ（二三丁裏）	㉓
	扶余	宗教ニハ少シ知識ノアル者ハ入門ハセヌ外国人ノ宣教師デモ無智ノ鮮人バカリヲ勧メル初メハ何ノ考モナク入ルカ借宗教ニ入テモ別般利益ハナイカラスクニ止メル外国人モ初メハウマイコトヲ言フテモ段々利己的ニナルカラダメダ（二九丁表～同裏）	㉔
		本年ノ年運ヲ稽フルニ正月二月ハ屍骸天地三四月ハ穀物天地五六月ハ水天地七八月ハ火天地九十ハ総角天地十一十二月ハ哭声天地ダト云フ其ノ解説ニ曰ク屍骸天地トハ共同墓地制令ニヨリ鮮人ガ従来ノ悪相地ニアル先墓ヲ改葬スルヲ云フ穀物天地トハ穀物ノ価騰貴スルヲ云フ水火ハ水害旱魃、総角天地トハ支那人ガ朝鮮ニ侵入スルヲ云フ哭声天地トハ支那人ノ侵入ニヨリ朝鮮人ハ流離顛沛シ婦女老弱ハ生ニ困ミ哭泣スル為ナリ（三二丁裏～三三丁表）	㉕
警察署	公州	宗教ニモ耶蘇教、侍天教、天道教、仏教等ト種々アルガ孰レガ果シテヨイカ我々ハ宗教ヲ信シテ益アルヤ損アリヤ一向ニ解ラヌ（三四丁裏）	㉖
	洪州	前日公州見物ニ往タガ市街モ立派ダガ山ノ上ノ西洋人ノ家ヲ見タレバ日曜デ説教ガアリヨツタ其ノ話ヲ聴タガ利益ニナルコト許リダ米国人ハ皆アンナヨイ人物許リダカラ有名ナ一等国ダト思フ（三八丁裏）	㉗
	牙山	天主教ノ信徒ハ仲間ノ貧者ハ互ニ助ルト云フガヨイコトデアルト思フ（四七丁表～同裏）	㉘
	唐津	耶蘇ノ宣教師ハ信徒ヨリ毎年金穀ヲ集メテ居ルカラ自然富裕ニナルデアロウ一体彼等ハ何事ヲ教テ居ル	㉙

		ダロウカ（四九丁裏）	
	瑞山	天道教ト云フ宗旨ハ先ダツ者ハ死亡シ中ノ者ハ冨ヲ作リ后レ立ツ者ハ何事デモ成功スルト説テ居ル先立ツ者トハ甲午年ノ東学堂デ皆戦死シ中ノ者トハ甲辰年ノ一進会員デ随分ナ冨ヲ作リ后レ立ツ者トハ現今ノ信者デ何事デモ成功スルト云フ（五七丁裏～五八丁表）	㉚
		宗教中ニハ天主教侍天教等ガアリテ自己ノヨイト思フノデ信ジ悪ヲ矯メ善ヲ勧ムルモノデアリ且ツ深ク信仰スルトキハ死后神仙トナリテ多大永遠ノ福楽ヲ受クルモノト云フ（五九丁表）	㉛
		近頃救世軍ガ頻リニ入軍ヲ勧メルガ一向応ズル者ガナイノデ昨今毎夕喇叭ヲ吹テ居ルガヤツパリダメデ小児等ガ遊ビニ行ク位ダ（六〇丁表）	㉜
	鴻山	此ノ辺ノ救世軍トカ新シイ宗教ハ一時盛デアツタガ信ジテモ利益ガ無イカラ追々滅ルバカリダト云フ（六一丁裏）	㉝
公州憲兵隊本部・忠清南道警務部『酒幕談叢』第四巻（一九一五年二月）			
警察署	公州	数年前迄ハ耶蘇ヲ信レバ幸福カアルト勧メラレテ大分熱心ニ信シテ居タ者モ有タケレトモ何ノ利益モ無イノデ信仰ヲ止メテ其ノヒマニ農業ヲ努メタ処カ生活ガ豊カニナツタ（三丁裏）	㉞
	大田	公州ニ在ル耶蘇教師等ハ近来毎日路上ニ立テ伝導シテ居ルガ其ノ説ニ耶蘇教ヲ信セサル者ハ必ス悪魔ニ侵サルトカ安心ガ出来ヌトカ云フカ実際デアロウカ又誰彼ノ別ナク教旨ヲ記シタ本ヲ与ヘテ居ル（六丁表～同裏）	㉟
	瑞山	天道教ハ今ノ処何等ノ利益モ無イガ神様モ何カ授ケル考カモ知レヌ　日本ガ毎戦勝ツノハ日本ノ神様ノ庇護デアルト云フ（四〇丁裏）	㊱
		天道教信者ハ全国ヲ通シ夥多ノ教ニ上ルト云ヒ又金銭ノ貯蓄モ相応ニアルト云フガ将来大ナル事業ヲ計画スルカモ知レヌ（四二丁裏）	㊲
	保寧	近来到ル処デ耶蘇教、救世軍、天道教、等ヲ信スル者ガ多イカ利益デモアルダロウカ又彼等ハ牧師宣教師ノ来ル毎ニ如何ニ繁忙デモ業ヲ休ムガ理由ガ知レヌ（四九丁裏）	㊳

牧師ヤ宣教師ハ各本国ヨリ多クノ金ヲ携ヘ来リ信者ヲ取リ込ム為ニ之ヲ散布シ斯クテ全国人口ノ三分ノ二ニ至レハ其ノ国ハ自国ノ属国ト為スコトガ出来ルト云フコトデアル　而シ信者モ只金ヲ貰フバカリデアルマイ誠ニ信仰スレバ何事モ意ノ如クニナリ死後ハ愉快ナル天道ニモ登レルト信シテ居ル者モアル（四九丁裏～五〇丁表）	㊴

内容	該当番号	総件数
予言・風説	①②③④⑥⑦⑧⑨⑩⑬⑭⑯⑱⑲㉕	15
仏教	⑤⑮	2
キリスト教	⑪⑫⑰⑳㉑㉒㉗㉙㉞㉟㊴	11
救世軍	㉓㉜	2
宗教一般	㉔㉖㉝㊳	4
天主教	㉘	1
天道教	㉚㊱㊲	3
侍天教	㉛	1

では、民衆は何を信仰の利益として認識していたのか。「耶蘇教信者トナリテ外国人ノ勢力ヲ借リ日本人ノ壓制ヲ避クル」ことからは、日本より優越な政治勢力としてのキリスト教（⑫）、「相互扶助」といった社会的かつ経済的な協力（㉘）、「悪ヲ矯メ善ヲ勧ムルモノデアリ且ツ深ク信仰スルトキハ死后神仙トナリテ多大永遠ノ福楽ヲ受クル」といった死後の安心の問題に至るまで（㉛）、その利益の形態は多様であった。こうした利益は、たとえ現在はまだ実現されていないかもしれないが、将来的にはいずれ実現されるだろうという信頼も読み取れる（㊱㊲）。

一方、最も比重の多い予言・風説に関する談話では、必ずしも利益と連関する様相は見当たらない。複数言及される「車天子」（普天教の教主・車京石のこと。「車千字」の表記もある）は、先見の明をもって未来のことを予測できる異人であるが、彼に関する風説が南地方ではかなり広まっていたようである。とりわけ興味深いのは、「車天子」の非凡な振る舞いであるが、「文字ヲ能ク知リテ居ルト」（③）、「千字文ニ書シアル天ノ字ト地ノ字ノミヲ平生読ミ」（⑩）、「何十年以来何モ働ク事ナク始終千字文ノ内天地黄ノ三字ノミ読ミ居リタルシ併合後ハ天黄地ト順ヲ換ヘテ読ミ居レリト」（⑭）などがそれである。彼は死後の問題については具体的に触れず（③）、やがて訪れる戦争や危機を予言し、彼に追従する弟子たちが新都内麻谷寺に移住した。このような「車天子」と彼を慕う信仰共同体の存在は、距離の離れた漢城にまで伝えられており、当時の新聞でもその様子が冷ややかな論調で紹介されていた。[34]

そもそも、「鄭鑑録信奉者」と呼ばれた予言を信じた民衆のなかでは、奇門遁甲の術や神通力など、神秘的な能力を持ち、未来のことを予見する「異人」を中心とした共同体が形成されていた。上記の「車天子」やその弟子による信仰共同体もその典型であるが、なかでも最も典型的なのは、一九〇〇年に創始され、咸鏡道と平安道地域を中心に教勢を拡張していた全廷芸の白白道である。全廷芸は、金剛山で数年間の修行を重ね、ついに新人天の無極大道を悟り得て、自らを全能な人天主と称し白白道を創始した。その教義と修行には、前近代的予言思想の影響が濃厚にみられる。甲辰年六月または三月に神の審判があり、兵火が発生するという終末論的予言、そして救済される避難先としての馬陽洞の提示がそれである。

また、東学系列に属する青林教の事例からも、前近代的予言の影響は垣間見られる。この時期には、青林教を名乗る様々な信仰共同体が登場したが[35]、清南道公州面の李元植（当時四二歳）の青林教では、忠清南道公州郡四国面麻谷寺と伸張面維鳩に信者を移住させ、青林教徒のみが災難を避けることができるとされた[36]。咸鏡南道洪原郡平浦面内初里の姜上模（当時三九歳）は、鄭道令が鶏龍山を都に定め新たな統治者となるが、その時期に備えて組織された青林教に入会を勧誘されていた[37]。朝鮮社会で民衆宗教が雨後の筍のように続出し、その存在が表面化したのは一九二〇年代以後であるが、その土壌がすでにこの時期から培養されていたのである。

だが、『酒幕談叢』の談話のなかの「車天子」関連の内容からもわかるように、「予言の共同体」に属さない一般の民衆の認識には、両義的な側面がある。避難所を求めて麻谷寺に移っていた車天子と彼の追従者たちは、当地の住民からは歓迎どころか、追放されるか日本人によって殺害されている（⑥）。車天子の能力に接し、訪問客が訪ねて国の未来を聞いても、車天子は何の回答もせず、挙句の果てには激怒した訪問客によって殴打される有様となる（⑦）。「口先計リデ何事モナシ得ズ」という車天子に対して、民衆は冷淡な視線を投げつつも（⑭）、車天子の追放を新都内の不可解な自然現象（「新都内ノ或ル城跡ノ礎石不断動揺ス」）と結びつけて解釈し、異変が生じる前兆として読み取る、釈然としない心裡もうかがえる（⑦）。このように、前近代的な予言という民衆文化を基盤として同質の危機意識を共有していた「予言の共同体」に対し、一般の民衆は懐疑の念を抱きつつも、注視し続けていた。

（二）「改姓」と鄭氏

天皇が李太王に鄭氏姓を与え、鶏龍山で即位式を挙行するという風説（16）も興味深い。ここでは、鄭氏が鶏龍山に遷都して新たに王朝を建設する、という予言の基本的な枠組みを維持しつつも、その実現が、天皇による李太王への鄭氏姓の付与によって実現されるとした点で異彩を放っている。そこで強調されているのは、李氏王朝から鄭氏王朝へといった易姓革命的な側面よりも、前近代における中国と朝鮮の朝貢冊封関係を連想させる、日本の承認による新王朝の成立である。

他方、一九一六年に全羅南道の書堂で漢文を教えた李老秀（当時五三歳）の事例では、易姓という側面がより重要視されていた。周辺の売卜者たちから「異人」に関する風説に接した彼は、その「異人」と連帯し、朝鮮を独立させる方策を講じていた。一九一五年一一月頃、全羅北道長興郡天冠寺に神通力を持った仙文という人物がいるという風説を聞いた彼は、一九一六年五月に「南鮮紫霞島」に潜伏中とされる鄭乙龍という人物に関する風説にも接することになった。そこで李老秀は、鄭乙龍が日本を倒して朝鮮を独立させるのを待ち、朝鮮の独立が達成された際には仙文と連帯して鄭乙龍を倒す計画を立てる旨を記した書簡を仙文へ宛てて送った。

島夷国権ヲ奪ヒ跋扈跳梁ノ逞フスルハ真人共ニ怒ル所ニシテ島夷ハ不倶戴天ノ仇敵タリ。此ノ時ニ当リ先生ノ如キ経天緯地ノ大才ヲ降スハ天我ガ祖国ニ幸スルモノニアラズシテ何ゾヤ。小生至愚ト雖義ノ重ンズベキヲ知ル。先生ノ門下ト一体ト為リ事ヲ謀ラムトス。豈ニ他義アラムヤ。近頃聞ク所ニ依レバ鄭乙龍ナル者紫霞島ニ拠リ衆ヲ聚メ猥リニ天命ヲ諭スト聞ク、倭奴必ズ来リテ之ヲ攻伐セム。此ノ機ニ乗ジ義ヲ唱ヘ兵ヲ起シ倭兵ノ跡ヲ絶タバ戦ハズシテ潰走スベク、而テ鄭氏ヲ討滅シ有徳ノ王裔ヲ戴イテ王トナシ兵ヲ養フコト数年山東ヲ平定シ倭王ノ頂ヲ陛下ニ繫ギ関中ヲ制スレバ南夷北蛮伐タズシテ服スベシ云々[38]。

このように、朝鮮の独立とそれを実現し得る「異人」に関する様々な風説が民衆の間で登場していたが、「鄭乙龍」が新王に即位すると、「李」の姓を有した者はその姓を「季」に改めるという風説（「鄭王即位セハ汝等李姓ノモノハ悉ク季姓トナルヘシト」）が、鄭氏を打倒すべき名分として打ち出されている点が興味深い。李老秀は救国への強い意志を持ち、日本への敵愾心を表出させて朝鮮の独立を図るも、改姓の噂ゆえに「鄭乙龍」との連帯を求めず、むしろ彼への攻撃を計画していた。

（三）流民の統合原理

朝鮮の外部で独立運動を展開した知識人たちのなかでは、当該地域に居住する朝鮮民衆の民心を統合する手段として「鄭鑑録」の予言を利用した場合もみられる。一九一四年頃、沿海州地域で結成された大韓光復軍政府が代表的な事例に挙げられる[39]。日露戦争開戦一〇周年を迎えて、ロシア国内では俄かに反日の世論が高揚していた。そうしたなかで、第二の日露戦争が起きる可能性を予見した独立運動家たちが、日本に対抗するために結成した機関こそ大韓光復軍政府である。そしてその大韓光復軍政府の首班の名称は、正都領《チョントリョン》であった。こうした命名の背景には、ロシアと中国に住む朝鮮人たちに「鄭鑑録」の「鄭道令《チョントリョン》」を連想させ、彼らからの支持を得たいという思惑があった。また、当該地域の朝鮮人たちは、沿海州の「海」の字と、北間島の「島」の字を合わせて、両地域のことを「海島」と呼んでいた[40]。「海島」とは、「真人出自海島中」という予言のなかに出る言葉であるが、要するに「海島」（沿海州・北間島地域）にいる正都領こそが「真人」であり、彼が朝鮮の独立を達成するのだという解釈に基づくものであった。

北間島地域では、これ以外にも独立運動勢力によって「鄭鑑録」が利用されていた。一九一一年に沿海州地域で結成された抗日運動団体・進業会による「倭王三年、嘉王三年[41]」の利用事例を見てみよう。進業会は、「倭王三年」を日韓併合以後の三年間と捉え、その後には「嘉王三年」、つまり朝鮮の独立が成るという趣旨の宣伝を行った。「倭王三年」が終わる一九一四年は干支では甲寅の年に当たり、そして「徒来甲寅年ニハ戦争アリテ、本年恰モ之ニ相当スルコト、露国軍隊ノ除隊カ多少延期サレ居ルコト等ヲ綜合シテ、本件ハ必ス何事カ起[42]」きる。すなわち、朝鮮独立が起きるというのである。彼らはこうした解釈を、演芸会や唱歌「甲寅歌」により民衆に向けて発信していた。

このような解釈は、咸鏡南道の元一進会会員の間でも支持を得ていた[43]。一進会とは、一九〇四年から一〇年にかけて活動した政治団体であり、開化路線の独立協会を継承した維新会と、東学系の進歩会が合同する形で設立された。日露戦争の折には日本に協力するとともに、一九〇九年には大韓帝国内閣・韓国皇帝・曾禰統監宛てに「日韓合邦」の請願書を提出するなどの親日活動を展開しており、当時の朝鮮社会からは売国奴の扱いを受けていた。とりわけ、義兵からは仇とされ、人命が奪われる事件も多数発生した。このような攻撃を甘んじて受け入れ、日韓併合に貢献したにもかかわらず、朝鮮総督府から冷遇されたことに、一進会会員たちは不満を抱えていた。

そうしたなか、一部の一進会会員たちは「甲寅ノ年ハ鄭勘《ママ》録ニ符合スル千載一遇ノ年」であるため、第一次世界大戦の余波が日本にまで及び、ついには「倭王三年」に日本が滅亡するものと信じていた。よって、恩恵を受けることのない「仁心ナキモノ阿付スルヨリモ」「義旗ヲ翻シ韓国ノ独立ヲ遂行シテ太極旗ヲ全土ノ社稷壇上ニ樹テ以テ天下ニ号令ス」る計画を立て、もって満州奉天の青林教への合流を試みた。

おわりに

朝鮮の植民地化という未曾有の事態は、朝鮮民衆に、多くの犠牲を伴う戦争を想起せしめた。そうしたなか、「鄭鑑録」をはじめとする様々な予言はそうした危機意識と表裏する形で、民衆の間で強い影響力を発揮していった。

予言を拠り所として保身のために移住を選択して故郷から離れる民衆に対して、朝鮮の近代国家化を成し遂げて亡国の危機を乗り越えようとした知識人たちは批判的な態度をとっていた。なかでも「鄭鑑録」は、国民の啓蒙を妨げ、国家の発展を阻害する予言の代表格として知識人からの批判の的となった。そのことは、裏を返していえば、「鄭鑑録」が当該期の民衆の間で強い影響力を発揮していたということを意味している。それゆえにこそ、海外の独立運動勢力もまた、民衆の独立運動への支持と共感を集めるために「鄭鑑録」を利用したのだった。

それでは、前近代の予言が近代以降も注目され、民衆の間でより強力な牽引力を発揮していた理由は何だろうか。筆者なりの結論をいえば、それはまさに予言の汎用性にあったと考えられる。前近代の予言からもわかるように、ユートピアを夢見る民衆の想像力は確かに反王朝的で反体制的な特性を帯びるものであり、具体的な方法として朝鮮の外部に対する想像力や期待と結びついていた。一方、一九〇〇年代から一九一〇年代までの予言では、大きな枠組みでは循環論的な歴史観に基づいて到来するユートピアという言説が維持されながらも、その細部ではキリスト教や新しい統治者となった日本など外部の異質な要素とも結合する様相が垣間みられる。一見すれば、予言に基づいて日本の植民地支配を歴史的当為として受け入れるようにみえる民衆の事例が示唆することは、そうした認識が決して植民地支配に対する肯定ではなく、むしろそうした事態を的中させた予言に対する信頼であり、その予言が保証するユートピア的世界の到来の確信にあったという点ではなかろうか。そうした民衆の心性こそ、一九二〇年代以後本格的に展開された民衆宗教の下敷きとなっていたのである。

註

(1) こうした試みは、民話や説話、伝承の如く、長きにわたって民衆の間に口伝の形式で伝わったナラティヴに注目し、自前の文字史料を残さない民衆の精神世界を紐解く糸口としてきた文化史の手法に示唆をうけている。ロバート・ダーントン著(梅保真夫・鷲見洋一訳)『猫の大虐殺』(岩波書店、二〇一七年)など。

(2) 趙景達『朝鮮民衆運動の展開――士の論理と救済思想』(岩波書店、二〇〇二年)。

(3) 都冕會「自主的近代と植民地的近代」(林志弦・李成市共編『国家の神話を乗り越えて』〈휴머니스트、二〇〇四年〉)。

(4) 鄭善太「近代啓蒙期「国民」議論と「文明国家」の想像――『太極学報』を中心に」(林志弦ほか編『近代韓国、「帝国」と「民族」の交差路』〈책과함께、二〇一一年〉、二五~四九頁)。

(5) クォン・ボドゥレ『三月一日の夜――暴力の世紀に見る平和の夢』(돌베개、二〇一九年)、一六四頁。

（6）「避難する者のために嘆く」（『帝国新聞』一九〇七年七月二四日付〈姜賢助ほか編訳『帝国新聞未公開資料集——一七〇七．五．一七～一九〇九．二．二八』［現実文化研究、二〇一四年］、一三七頁より引用〉）。

（7）以下は、車瓊愛「日清戦争当時の戦争見聞録を通して見た戦争地域民衆の生活」（『明清史研究』二八、二〇〇七年）、九七～一四六頁。同「日清戦争当時朝鮮戦争地の実相」（『韓国文化研究』一四、二〇〇八年）、六三～一〇二頁。同「日露戦争当時の戦争見聞録を通して見た戦争地域民衆の生活」（『中国近現代史研究』四八、二〇一〇年）、一～三〇頁。

（8）英語の原文は次の通りである。「Another thing is that every Korean seems to think these are the last years of the present dynasty, and, what is worse, that his wish is the father of his thought.」（『尹致昊日記』五、一九〇二年一一月二九日）。原文は韓国の国史編纂委員会で提供する韓国史データベース（https://db.history.go.kr）で公開されている。

（9）「我が東（引用者註：朝鮮）にも、新羅高麗より我が韓国に入りたる道詵秘訣、土亭秘訣、魏清学秘訣等、種々の信疑無きにしも非ずと雖も、一種の隠恠たる文字、別に有り、経に非ず緯に非ず、図に非ず讖に非ず、術に非ず数に非ず、卜に非ず筮に非ず。人心をして狂乱せしむるに足りて、世道を衰亡せしめる禍害を醸出する者、その名を鄭勘《ママ》録と曰う」（「鄭勘録不足信」『皇城新聞』一八九九年一二月一九日付）。

（10）同前。

（11）細井肇編「鑑訣」『秘訣輯録』七頁（安春根編『鄭鑑録集成』〈亞細亞文化社、一九八一年〉、七五一頁より再引用）。細井本に収録されている異本（擬似稿本）のなかには、「人民乱を避くるの方は、両白の間に如くは莫し」。

（12）同前、七～八頁（前掲註(11)『鄭鑑録集成』、七五一～七五二頁より再引用）。なお、「沁」と「淵」は李氏王朝の祖先である「李沁」と「李淵」を指し、「鄭」は鄭氏の祖先である「鄭鑑」を指す。

（13）一八～一九世紀の「弓弓」をめぐっての多様な解釈については、韓承熊『朝鮮後期変乱の宗教史研究——推鞫資料からみた反乱と革世宗教』（ソウル大学大学院二〇一九年度博士学位請求論文）、一五二～一五五頁を参照されたい。

（14）「吾有霊符　其名仙薬　其形太極　又形弓弓」『布徳文』。

（15）戦禍の記憶を書き留めた、『南漢日記』と題する様々な体験記録の中に収録された「十勝保身之地」をその典型としている。これに関しては、金信會『朝鮮後期鄭鑑録予言の歴史的変遷』（ソウル大学大学院二〇二二年度博士学位請求論文）の第三章「丙子胡乱の記憶と南師古」の議論を参照されたい。

（16）禹潤「一九世紀民衆運動と民衆思想──開闢、鄭鑑録、弥勒信仰を中心に」（『歴史批評』二、一九八八年）、二二八頁。

（17）ジェームズ・C・スコットは、農民・労働者の階級的な集団行動（Open defiance）と区分される、日常的な形態の農民抵抗（everyday forms of peasant resistance）──延滞、中傷、偽りの従順、こそ泥（pilfering）、知らぬ振り（feign ignorance）、放火など──を、「弱者の武器（weapons of the weak）」として挙げている（James C. Scott, *Weapons of the Weak: Every forms of peasant Resistance* 〈New haven and London : Yale University Press, 1985〉, pp28~37）.

（18）「吝財之人。先死於家。無術之士。自亡於路。両西無頼。畿東魚肉。十勝雖好。有用無用」。同予言で提示された保身の条件は、「依白者生。近豊者活」である（「鄭北窓秘訣」〈『秘訣』〉、七～八頁）。

（19）윤정란『韓国戦争と基督教』（한울아카데미、二〇一五年）、三二一～三九頁。

（20）秋渓黄信徳先生記念事業会編『崩れない家を──黄信徳先生遺稿集』（秋渓黄信徳先生記念事業会、一九八四年）、三二九頁。

（21）以下では、玉聖得『韓国基督教形成史──韓国宗教とプロテスタントの出会い　一八七六～一九一〇』（새물결플러스、二〇二〇年）の第二章「救世主──鄭鑑録予言と十字架の破字解釈」の議論を参照した。

（22）David K. Jordan, "The Glyphomancy Factor: Observations on Chinese Conversion", Robert W. Hefner ed. *Conversion to Christianity: Historical and Anthropological Perspectives on a Great Traditon*, (Berkeley : University of California Press, 1993), p286.

（23）李徳周「「涙の島」江華物語（四）」（『基督教思想』四〇（一一）、一九九六年）、九三頁。

（24）同論説では、宗廟の名称に関わった風説が取り上げられているが、その内容は次の通りである。宗廟の正門は「倉葉門」という名称であったが、それを破字すれば、「倉」は八君、「葉」は「二十世木」であって、「木」は

「木子」、つまり「李」を意味すると理解された。そうして、全二八代までの君王の在位が終われば、李氏による朝鮮の統治が終わるという解釈がなされたのである。

(25) 確かに、同予言は、当該期の在朝日本人の間でもよく知られていたようである。初期朝鮮研究を牽引した在朝日本人の鮎貝房之進は、当時の雰囲気をこう述べていた。「朝鮮には鄭鑑録といふ書物があつて、是は古くから行はれた未来記で、風水説から予言をしたのでありますが、李氏五百年にして亡び鄭氏之に代わると予言のあるのも此書物である。近頃朝鮮人はまた「聖歳之望、韓陽之運、移去紅日下」といふ予言を盛に言い触らして居る。是も、鄭鑑録に載せてあるといふ事であります。真偽は分かりませぬが。聖歳は孔子の生年干支である。紅日は日本の事でありませう。之に依りて見ると彼等もそれ〴〵諦めて来たものと思はれます」（鮎貝房之進「朝鮮人の日本観」〈木村友之丞編『朝鮮講演』〔朝鮮日報社、一九一〇年〕、一〇三〜一〇四頁〉）。

(26) 「昨年庚申即耶蘇生年、古称以聖年是白遺　仁富則仁川富平等海邑　海門近京稍濶　故可以容船千捜是如為白遺」（『邪学懲義』下、巻四五）。

(27) 「南海中有青劔島一名無何島送韓乙山探知我国事貿鉄貿紙而去云乙山与渠輩深交而時住於時任砺山府使宋益休家云成修遇謂矣身曰島中有主其姓鄭也名亀也生於我国幼時已逃入海中而生有異表長多機略延攬英雄盤據海島其志不小待時」（『辛酉邪学罪人金鑢等推案』二五、一八〇一年〈辛酉〉四月一八日）。「彛天曰海中有此品字島島有島主而不属於我国不属於倭一島大於我国之一道其中兵馬強壮人物昌盛登江華摩尼山可見此島」（同前）。

(28) 김우철「朝鮮後期変乱における鄭氏真人受容過程――『鄭鑑録』誕生の歴史的背景」（『조선시대사학보』六〇、二〇一二年）、七四〜九九頁。

(29) 정응수「朝鮮後期の海上真人と鄭経父子」（『日本文化学報』五八、二〇一三年）、三六五〜三七八頁。同「鄭道令になった鄭成功『延平髫齢依母図』を中心に」（『日本文化学報』七一、二〇一六年）、二六一〜二七九頁。同「『鄭鑑録』の源泉としての鄭成功一家――『道詵秘訣』を中心に」（『대한일어일문학회 학술대회 발표논문요지집』四、二〇一八年）、四〇四〜四〇七頁など。

(30) 朝鮮総督府『施政二十五年史』（一九三五年、二四〜二六頁〈『増補　朝鮮総督府三十年史（一）』〔クレス出版、一九九九年〕、二四〜二六頁より再引用〉）。

(31) 資料の概要については、松田利彦『日本の植民地朝鮮支配と警察』（校倉書房、二〇〇九年）の第二章「民間調査資料『酒幕談叢』に見る「武断政治」期の朝鮮民衆」（一七八〜二一三頁）を参照。

(32) 同前、二〇四〜二〇五頁。

(33) 「凡例」『酒幕談叢』。

(34) 「公州鶏龍山麓に怪しい一人があるが」（『大韓毎日申報』一九〇九年一一月二〇日付）。車京石と普天教については、本書第三章を参照のこと。

(35) 崔済愚の死後、東学の道統は北接と南接の二系統に分かれ、前者は済時亨から孫秉煕の系譜をへて天道教成立への道をたどった。一方、南接系の分派は、金侍宗（分派によっては鄭侍宗とする場合もある）を指導者として独自の活動を展開していた。金侍宗の号「青林」は山林に隠居しながら、開闢の渡来を大望する真人にイメージ化され、全国から自らを「青林」と名乗る人々が続出していた（崔鍾成『東学のテオプラックシ（theopraxy）――初期東学および後期東学の思想と儀礼』〈民族院、二〇〇九年〉、二三一〜二三七頁）。

(36) 「青林教主謀者一七名就縛」（『毎日申報』一九一七年二月二七日付）。

(37) 「青林教を布教す」（『毎日申報』一九一九年二月二三日付）。

(38) 警高機発第五三七号「不穏言動者発見処分の件（全羅南道警務部報告）」一九一六年一一月二二日（姜徳相解説『現代史資料二五　朝鮮一』、一二一〜一二三頁）。

(39) 반병률「李東輝と一九一〇年代海外民族運動――満洲・露領沿海州地域における活動（一九一三〜一九一八）」（『韓国史論』三三、一九九五年）、二二六〜二三四頁。

(40) 李鐵「만주 사정 에 관한 재료」一九二六年一月一五日、三頁、РГАСПИ（러시아사회정치사문서보관소）Ф四九五、ОП一三五（임경석『韓国社会主義の起源』〈歴史批評社、二〇〇三年〉、二四頁より再引用）。

(41) 朝憲機第一一〇号「最近ニ於ケル排日気勢の概況ト間島方面ノ不穏説ニ就テ」一九一四年二月一九日。

(42) 機密鮮第二号「当地方朝鮮人近況報告ノ件」一九一四年二月一六日。

(43) 警高機発第二二五七号「不穏風説ト青林教」一九一四年九月一七日。

第二章　規格化される予言
――植民権力と『鄭鑑録』公刊本の誕生――

はじめに

植民地朝鮮における民衆宗教の発生と展開には、朝鮮の伝統的な予言思想が重要な役割を果たしていた。東学を嚆矢とし、相次いで登場した植民地朝鮮の民衆宗教は、朝鮮後期の予言書「鄭鑑録」[1]に依拠して教理を形成するとともに、それを布教の手段に利用していた。一方、植民権力側も、まさにそうした理由で「鄭鑑録」に注目してきた。すでに朝鮮には、反外勢を標榜しながら大規模な武装蜂起を起こして当時の東アジアに大きな波紋を呼び起こした東学農民運動の経験があった。それゆえに植民権力は、その系譜を継ぐ民衆宗教が植民体制下の秩序を否定し、時には暴力をともなう抵抗運動を展開する可能性を懸念していた。したがって、植民地期の民衆宗教と、それに対する植民権力の対応を理解する上で、「鄭鑑録」の問題は看過できない。

だが、前近代に出現した予言書「鄭鑑録」を取り上げる際には、予言書というジャンルゆえに付き纏う難解さに直面せざるを得ない。前近代においては、「鄭鑑録」など、王朝交代を暗示する予言書の制作や流布、所持が厳しく禁止され、それらが発覚した場合には、『大明律』の「造妖書妖言」条項によって厳罰に処された。したがって、予言書の著者はこうした危険性を避け、内容の信憑性を高めるために地相と易学に優れた人物に仮託して予言書を執筆した。また、予言書の所持が禁止されたため、その流布も暗々裏に筆写と口伝を通じて行われたが、その過程で利用者によって意図的に内容に変更が加えられ、数多くの異本が生まれていた。その結果、「鄭鑑録」は、テキストの理解に必須となる基礎的な情報、つまり著者や成立時期が不分明であり、また現存する数多くの異本のなかで定本を確定させることが極めて難しいものとなっている。

従来の研究では、こうした「鄭鑑録」テキストが持つ特異性から、その定義においても狭義の定義と広義の定義という二重の定義が使われてきた[2]。一般的に、狭義の定義は「鄭鑑録」のなかで最も核心的な予言である「鑑訣」を指し、広義の定義は「鑑訣」を含めほかの諸予言を網羅した書物、または予言思想全般を指す。しかし、書誌学的観点から「鄭鑑録」の歴史的形成といった問題がいまだ十分に検討されておらず、「特定の書籍や論理として理解するよりは伝来の秘記・図讖《としん》の論理の中で現実と結びついた予言思想の総体[3]」、または「朝鮮後期の社会変動に照応した、反体制的性向[4]」の産物として捉えられているため、民衆の思想や信仰として一般化することには、慎重であらねばならない。

これまで、現存する「鄭鑑録」類の文献を集大成した書籍が刊行され[5]、その一部をもとに韓国語訳も行われてきた[6]。それにもかかわらず、「鄭鑑録」に関する書誌学的な研究はあまり進展していない。そのようなかで、前近代の文献史料を検討し、「鄭鑑録」の出現時期・地域を特定するとともに、近代以降の公刊本を書誌学的に検討した白承鐘の先駆的な研究は注目に値する[7]。本章では、一九一〇年代の在朝日本人によって朝鮮研究の一環として遂行された「鄭鑑録」文献の蒐集・編集と、近代公刊本『鄭鑑録』の誕生過程をたどることで、それが植民地朝鮮の民衆宗教にどのような影響を及ぼしたのかを検討していきたい。

一　一九一〇年代の「鄭鑑録」

現在、我々の「鄭鑑録」理解の根幹を成すのは、自ら蒐集した予言を総督府所蔵本と比較・対照して編集した鮎貝房之進本[8]を底本として一九二三年に東京で公刊された細井肇編の『鄭鑑録』[9]である（以下、細井本）。だが、一九一〇年代には鮎貝本のほかにも、在朝日本人によって蒐集・編集された異種の「鄭鑑録」も存在していた。以下では、「鄭鑑録」の蒐集・編集に携わった在朝日本人の経歴に触れながら、彼らによって編集された「鄭鑑録」異本について検討していきたい。

（一）蒐集される朝鮮の予言と在朝日本人

朝鮮総督府は、新たな植民統治にあたって、必要な情報と知識を得るために各種の調査事業を展開した。取調局の旧慣制度調査事業、学務局の俚謡・俚諺及通俗読物等調査と伝説童話調査事業、地方局の古蹟調査事業など、官の主導下で各種調査事業が展開され、多方面にわたる情報が蒐集された。

こうした総督府の動きに歩調を合わせ、民間でも「朝鮮研究」が盛んになり、「朝鮮研究」を目的とする複数の研究会が立ち上げられた。そこでは、学者、総督府高位官吏、言論人、朝鮮銀行の頭取など当時の有力者たちが集まって、総督府の庇護のもと、植民地に関する知識を生産することで植民地統治に貢献していた[10]。
とりわけ、朝鮮の思想と文化を知るための手段として朝鮮の古書に対する関心が高まっていた。一九〇九年設立の朝鮮古書刊行会が出版した『朝鮮古書目録』（一九一一年）の序文から、当時の状況をうかがうことができる。

近時時勢の推移と共に久しく閑却無視されし朝鮮の研究熱漸く我学者及び篤志者間に起り、随うて朝鮮の古書を探ぐらんとするもの日に多きを加へ、朝鮮には如何なる古書珍書現存するかを知らんとするもの排出しつゝあり、又朝鮮併合の結果朝鮮の古書古記録を保存するは我国家及び国民の義務たるを自覚さるゝに至りたり[11]〔後略〕。

朝鮮の古書を蒐集し保存することは、朝鮮という新領土を迎えた日本とその国民の新たな「義務」として認識されていた。そうしたなかで、朝鮮の古書を蒐集し、膨大なコレクションを構築した蔵書家が次々と登場するとともに、その周辺には自らが蒐集した蔵書を回覧・筆写し、所蔵と研究を行う一種の知的ネットワークが形成された。そこでは、蔵書間の対照・比較を通じて、誤字脱字の訂正、内容上の注釈などの編集作業が慣例的に行われていた。「鄭鑑録」に関しても、同様の作業が行われていた[12]。要するに、最初の近代公刊本である細井本は、鮎貝や細井など特定の個人の手によって成ったというより、一九一〇年代に朝鮮研究に携わっていた在朝日本人たちによる共同作業の産物として位置づけることができる。

ただ、一九一〇年頃には、細井本が底本とした鮎貝本のほかにも、内容や形式において鮎貝本とは区分される全三種の「鄭鑑録」があったことにも注意を払う必要がある。三種とは、平安南道憲兵警察に勤めた杉山鼒が在職中に蒐集した予言を編集した『堪論抄』[13]（以下、杉山本）、幣原坦・萩野由之が所蔵し、今西龍が解題をつけた「幣原本」[14]、江原道警察部長の那須少佐が発見し、朝鮮古蹟調査に関与していた東京帝国大学教授の関野貞にその筆写本が提供された「鄭勘録」[15]（以下、江原道本）である。そのほか、蒐集・編集時期は推定できないが、現在日本・米国の図書館に所蔵されている日本人蔵書家のコレクションにも「鄭鑑録」類の予言書が散見される。[16]

現在確認される一九一〇年代の四種の「鄭鑑録」のなかで、鮎貝本と杉山本は個人による編集本であり、幣原本と江原道本は、編集を加えていない入手本である。したがって、前者の方が、より積極的に「鄭鑑録」に取り組んでいたといえようが、以下では鮎貝と杉山がどのような動機で「鄭鑑録」編集に至ったのかについて触れておこう。

鮎貝と杉山は、両者とも一九〇〇年前後に渡韓し、大韓帝国の滅亡と朝鮮総督府による植民地統治が開始される激変期を生きた在朝日本人である。学者と憲兵警察という彼らの肩書きは、はじまったばかりの植民統治を牽引する二つの軸でもあった。「京城に於ける朝鮮通のヲーソリチー」[17]と評された鮎貝は、朝鮮研究に取り組んだ在朝日本人を支える決定的な役割を果たした人物である。一方、武官出身の朝鮮総督に全的な権限が付与された武断統治期において、杉山の務めた憲兵警察が有した重要性および象徴性はいうまでもない。植民地統治を担った二つの軸に属した人物たちが、揃って「鄭鑑録」編集を行っていたのである。

表1　鮎貝本、幣原本、杉山本、江原道本の収録予言

〈鮎貝本〉 1912年2月	〈幣原本〉 1911年12月	〈杉山本〉 1916年11月	〈江原道本〉 1911年8月日
鑑訣 東国歴代気数本宮陰陽訣 歴代王都本宮数 三韓山林秘記 無学伝 五百論史 五百論史秘記 道宣秘訣 鄭北窓秘訣 南師古秘訣 南敬菴山水十勝保吉之止 西山大師秘訣 社師聡秘訣 避蔵処 華岳路程記 北頭流路程記 九宮変数法 玉龍子記 慶州李先生家蔵訣 三道峰詩 無題 西渓李先生家蔵訣 土亭家蔵訣 李土亭秘訣 甲午夏穀詩	地理問答 弓弓乙乙村落路程記 明心大師秘伝 康氏遺尽 追後計程 牛腹洞路程記 馬韓洞地図 馬韓洞路程記 玉渓洞光■路程記 女真城路程記 鵬岩路程記 鶏龍山岩面題詩 金剛山神老■伝詩 馬韓洞石碑詩 万塔詩 敗利法 穀在何方図 埶人来下月図 尋路 十二月将逆数法 尋路法	山水論 李鄭問答録 李朝歴年記 玉龍子章 無学禅師章 性恒章 草庵章 西山章 格庵章 象山章 梅山章 衿丹章 南師古訣 義想大師章 鄭北窓秘記編草 光嶽遺訣 道詵秘訣 浪仙秘訣 龍子章 草庵乗除法 牛腹洞 国祚尽於八壬 無学秘書 勝地付集 西山大師歴年記	歴歳要覧

※そのほか、奎章閣に所蔵された総督府史料、日本およびアメリカ図書館に所蔵された予言書の目録は、拙稿「植民地朝鮮と鄭鑑録」(『日本近代学研究』59、2018年)を参照されたい。

鮎貝は、東京外国語学校（現・東京外国語大学）朝鮮語科で習得した優れた語学能力を頼りに渡韓し、大韓帝国の学部省が日本語教育と日本文化の普及のために設立した乙未義塾およびその分校で日本語を教えた[18]。一八九四年の渡韓以降、敗戦を迎えて一九四六年に日本に引き揚げるまで、鮎貝は朝鮮の李王家や総督府の関係者、在朝日本人学者など、内地人と朝鮮人とを合わせた豊かな人脈を築きながら[19]、米穀商や平壌の無煙炭出炭販売などで資産を蓄える一方[20]、精力的に古書および骨董品・古美術品を蒐集し続けていた。同時に、鮎貝は朝鮮の風俗・古代言語・美術など、多方面にわたって朝鮮研究を行った。全九輯一二冊に及ぶ鮎貝の代表作『雑攷』は、古代朝鮮語、新羅史、日本文献における地名・姓氏考証などを取り上げた朝鮮研究の集大成であった[21]。

一方、杉山の渡韓以前の経歴や、渡韓の時期がいつだったのかは定かではない。一九〇九年時点では京城分隊所属の憲兵中尉として務め、ハルピンで安重根による伊藤博文暗殺事件が起きた際には、事件の顚末を調査するため旅順へ派遣されたこともある[22]。一九一〇年から一七年までは平安南道警務部警視・文官警察任用憲兵を務めているが[23]、一九一八年に辞職した[24]。辞職後の経歴も残念ながら不明である。

杉山の経歴を一瞥して目を引くのは、彼が主に職務に従事した地域が、朝鮮の北方地方に該当する平安南道だったことである。隣接する咸鏡道とともに西北地方と呼ばれるこの地域は、朝鮮王朝期には中央政権から冷遇されてきた。こうした地域的な特性は、朝鮮後期以降に商工業の発展とキリスト教の積極的な受容に連なって、植民地期には文明開化の思想を主導する人物を数多く輩出した[25]。

杉山の解題によれば、職務の傍ら、約一〇年をかけて「鄭鑑録」の入手に尽力したが、結局なし遂げることができず、その代わりに『歴歳要覧』『朝鮮実鑑』『石書』『堪論抄』の四冊を得たという。彼はこの四冊を検討した結果、いずれも共通した一つの書籍からの抄出に過ぎないことに気づいた。さらには多数の誤字と内容の消失、後代に行われた編集の可能性によって、真の「鄭鑑録」を入手することは至難の業である、と結論づけるに至っている。にもかかわらず、彼は「鄭鑑録」の重要性について次のように力説している。

蓋シ欲レスレバ洞二観乎鮮人ノ政治的思想一ヲ不レ問二ハ社会之階級教門之異同一ヲ必先ツ須二鄭堪《ママ》録一ニ然ル後可レシ推二ス其一般一ヲ矣。該書ハ実ニ朝鮮政治上一識ノ書テ而爾来数百年間因ヲ致二シ揣摩浸淪一ツ不レル能二ハ容易ニ脱二祛スル於鮮人ノ頭脳一ヲ者也(26)。

上記において注目すべきは、「鄭鑑録」が「社会之階級」と「教門之異同」とを問わず、社会一般に広まっていたと述べられている点である。これは、西北地方におけるキリスト教と天道教の盛行と結びつけて考えられる。天道教の場合、後に近代宗教へと体質改善を図る過程では内部的な排除が試みられるものの、初期教団の信仰には豊富な呪術性が見出される。キリスト教もまた、「鄭鑑録」などと結合して土着化がなされていた(27)。こうしたことが、杉山の「鄭鑑録」認識にも影響していたと考えられる。

杉山本は、何よりも内容の解説に力を注いでいる。本文の途中に括弧をつけて説明を挿入しているが、その中身は地名や地理上の用語、人物の説明、破字や比喩などの解説となっている。また、本文の内容に関して考証を行う際にも、文献史料に依拠するのみならず、「風伝には」というように、民間から収集した風説を付け加えている点は興味深い。例えば、「李鄭問答録」で、字句のなかの詩を解釈するにあたって、「歳値白竜人何去」に関しては、「大院君ハ南人ナリ、閔妃ト権ヲ争ヒテ宮中ニ禍ヲ生」し「大院君支郡ニ走リシヲ謂フ」とし、「馬頭羊蹄雖変恠」に関しては、「李太王即位十八年壬午年ヨリ癸未ニ至リテ軍隊擾ヲ起シタル事実ヲ以テ之ナリト」と解釈を施した。「猿鶏闘処随猛狗」というくだりについては、「甲申ニアタリ、朴泳孝ノ事件アリテ泳孝遂ニ日本ニ亡命ス、「随猛狗」トハ此事件ニ因シテ日本遂ニ之レニ乗スル処トナリシヲ指シタルモノ」といった風伝を記録している。このような解釈方式には、憲兵警察としての特徴がよくあらわれていよう。

一方、鮎貝の解題は、「鄭鑑録」予言に仮託された諸人物の略伝を、『高僧伝』『三才藻異』などの文献を抜粋、引用することでテキストの理解を深めようと試みている。こうした方法は幣原本の今西龍による解題にも共通しているが、両者はともにこの作業を通じて朝鮮の風水説を系譜学的に理解することを目的としていた。

即チ朝鮮ノ風水説ナルモノハ羅代ニアリテ道詵等ノ高僧ガ唐僧一行ノ地理説ヲ伝ヘタルニ濫觴シ、麗朝ニ至リ仏教ト共ニ盛ニ世間ニ流布シ、麗末高僧無学専ラ之ヲ唱導セルヨリ、李朝ニ至リ上下風ヲ為シ、堂々タル儒者亦之ヲ尊信スルニ至リ抜クベカラザル一ノ習俗ヲ形ヅクルニ至レルモノナルヲ知ルベシ(28)。

鮎貝はこれ以上の言及を避けているが、今西は、この風水説を朝鮮仏教史上における大きな弊害といい、東学や侍天教のような民衆宗教の基底にはこうした神秘化した仏教の影響があることを指摘した。

彼の東学党にせよ現存の侍天教にせよ儒教の要素も道教の要素をも混合して其教を立つと雖、其中心には源流遠く仏僧道詵に出でし神秘物の存することを認めざるを得ず。朝鮮仏教史を攻究せんとするもの唯に寺刹の変遷を叙し僧尼の伝を稽ふるに止まらず其社会に於て其政治に於て其衰病し溷濁せる宗教の末流が如何なる影響をなせしか、其衰病の因は如何に溷濁の由来は如何にあるかを攻察せざるべからずとせば此讖緯地理説に注意せざるべからず。(29)

また鮎貝は解題で、「鄭鑑録」に興味を持つようになったきっかけとして「李朝五百年」「聖歳之望漢陽之運移去紅日之下」の讖言《しんげん》を頻繁に耳にしていたことをあげ、「鄭鑑録」が朝鮮人の信仰および習俗を研究するための良い参考書になると述べている。(30) そして、この「聖歳(庚戌)之望漢陽之運移去紅日之下」の字句は、朝鮮人が日本の植民地化を諦めて受け容れたことを意味すると解釈していた。

朝鮮には鄭鑑録といふ書物があつて、是は古くから行はれた未来記で、風水説から予言をしたのでありますが、李氏五百年にして亡び鄭氏之に代わると予言のあるのも此書物である。近頃朝鮮人はまた「聖歳之望、韓陽之運、移去紅日下」といふ予言を盛に言い触らして居る。是も、鄭鑑録に載せてあるといふ事であります。真偽は分かりませぬが。聖歳は孔子の生年干支である。紅日は日本の事でありませう。之に依りて見ると彼等もそれ〴〵諦めて来たものと思はれます。[31]

（二）内容の比較

在朝日本人たちが蒐集・編集した『鄭鑑録』の異本間には、内容における相違がみられる。以下では、『鄭鑑録』の最も核心的な予言である「鑑訣」系列の比較を通じてその相違を確認していきたい。

現在、最もよく知られた「狭義の鄭鑑録」である「鑑訣」は、鮎貝本を底本とした細井本に収録されたものであり、その内容は**表2**の通りである。異本によって細部に違いはあるものの、基本的な枠組みは、ナラティヴの主たる語り手となる鄭氏と李氏兄弟に関する説明と、彼らが交わす問答からなっている。

表2　「鑑訣」の構成

〔登場人物と背景の提示〕	李氏兄弟と鄭公の紹介
〔李氏と鄭氏の問答〕	地勢の移動による歴代王朝の存続期間
	王朝交替期の災難と惨禍
	十勝地目録の提示

だが、その冒頭にあたる鄭氏と李氏兄弟に関する説明のくだりでは、異本の間に相当な違いが確認され、大きく二分化することができる（**表3**）。第一は、人物の経歴に関して、簡潔に紹介するだけのバージョンである。鮎貝本の「鑑訣」では、完山伯漢隆公の息子である李沁と李淵兄弟が、鄭公とともに金剛山で朝鮮の地形を判断するとされるが、両者が出会う経緯や、鄭公の経歴に関してはほとんど言及されない。第二は、鄭氏と李氏の経歴、および両者が出会うまでの経緯を詳しく叙述したバージョンがある。幣原本と杉山本では、両者が出会う状況も問答を交わす場所も、鮎貝本とは異なって

表3　「鑑訣」系予言の二分類

〈「求山論」系〉

「地理問答」新羅時完山君李種有生三子皆俊秀長子珌年十七成大功仲子沁任将軍之位末子淋成翰林一　四君位権極崇沁与文天祐為友学地理之妙留在中国七年、宋末紛紜、沁避来鳳凰城、有槃衣者、流涕而道哭、沁問曰、汝是何人也、答曰、生於広陵、遊於清班、門族七十余人、皆以死刑、脱身来此、沁曰汝何姓名答曰鄭勘又問汝有知識乎曰能学地理也。

「李鄭問答録」宋ノ時、中国ノ名風鄭堪、李沁ト山水奇絶ノ処ニ同逝シテ、八道ノ山水ヲ論評ス。此レヨリ先、沁中国ニ入リ文天祥ト友ト為リ地理ノ妙ヲ学ヒ中国ニ留ルコト七年偶宋末ノ■乱ニ遭ヒ身ヲ以テ避ク鳳凰城ニ至ル■、一衣襤褸ノ者有リ流涕シテ坐ス。沁問フテ曰ク君ハ其レ何処ノ人ゾヤ。答ヘテ曰ク姓ハ鄭名ハ堪、広陵ニ生ル清班ニ遊ンテ家門幸ナラス族人七十余名皆刑■セラル唯タ我レ一身僅カニ免レ生ヲ偷シテ此ニ来ルト。更ニ問フ何ノ知識有ルヤ。曰ク略ノ地理ノ妙ヲ習フ云々。因テ同行スルコト七年朝鮮ノ地ヲ遍歴シテ絶世ノ大地ヲ得ス。

「李堪問答」李氏始祖唐天子也中始祖淵之継母朱氏讒於父曰淵将作乱矣父怒毎令掃除牛下愈益恭謹家有丹奈母令守之矣風雨至則拘奈而泣恐沸親意也時童謡曰李樹之下有天子気宋天子懼安置于朝鮮矣年十八未及婚時托州入材勧因乱避居朝鮮完山地生一女与淵為配生三者名孟伸李孟伸早死李事父至孝父臨死諸紙筆伝于子曰我之子孫至六代必得高官与中国人得天地葬我骸骨於香麟洞矣李有子曰洽成均進士洽生五子曰龍寿麟寿鳳寿麒寿亀寿皆耳声口唖目盲唯亀寿之第二子元祚無癈疾長八九尺足大一尺能食一斗米別無識欲未婚娶人皆冷笑適游龍興寺一老人向月検書覘之不識

〈「遊山論」系〉

「鑑訣」漢隆公封之完山伯有子三人長曰淋早死次曰沁三曰淵与鄭公同遊八道山水絶処上金剛山竹杖芒鞋登飛蜚台相顧謂曰

「秘知論」完山伯有三子曰淋曰淵淋早卒沁淵与鄭勘遊於八道平論山水仍上金剛山毘盧峰相謂

「鄭李堪輿論」完山伯李公有子三人淋沁淵与蜀人鄭堪游八道山水奇絶妙勝仍金剛上於飛盧峰相顧謂曰李沁秘知論云兄弟淵之七代孫也与文天詳学地理後遇鄭勘周踏大界七年不得名山。

其字元祚問之老人曰此乃幽明之書主管人間婚姻矣元祚曰我今無配何也老人曰君婦今生三歳矣出赤縄以授曰係於婚家雖讐敵之家貴賤懸殊呉楚異郷必遂二姓之好矣時宋成宰権喜有一女年十三元祚請婚於其家而係赤縄終始不許権氏年十六勿悪虎入背負而走追者雲集未知所向権氏尽夜呼泣尋路行至則果元祚家也元祚聞其由恐懼即伝告権喜家喜曰天豈非天耶即羔羊自擇涓吉為婚矣元祚生十六子家貲巨万万居完山忽遇強賊挙家没死而独遺種伏於樑間堇以偸生因捕三百余名以捕賊功重封完山君生三氏皆聡明俊秀長名泝次名沁能受将軍之名末子淋為学士権帰三人而一家四君矣。沁与文天詳学地理之妙留在中国七年至于宋末中原粉々歩入鳳凰城忽遇衣冠襤褸者慘然不言而流涕沁曰汝何許人答曰余生広陵毎游清班門族七十余人皆罹禍滅堇以一身逃命至此也。沁曰汝姓名何。答曰、鄭堪也。沁曰、有何知識、堪曰学得地理之妙耳、沁曰請君与我同姓如何、堪曰諾遂与率来遍踏朝将至七年終始得名山矣。

いる。そこでは、李沁は宋の末期に中国に滞在していたが、ある日乱を避けて赴いた鳳凰城で鄭鑑（鄭堪・鄭勘）と偶然に出会ったのだとされる。一方、鄭鑑は広陵出身で、一族が皆処刑されて亡くなり、ただ一人生き残った悲劇の人物として描かれている。幣原本と杉山本に収録された予言は、この第二の系統に属する。

韓承勲は、上述した二系統をそれぞれ「遊山論」系と「求山論」系に分け、以下のような見解を提示している[32]。まず、前近代の史料に現れる「鄭鑑録」は、「遊山論」系より「求山論」系に内容的な類似性が確認される。南宋の政治家である文天祥（一二三六～八三）への言及や、鳳凰城・香麟山などの地名、李氏と鄭氏が中国で出会い、朝鮮に帰還するというナラティヴなどがそれである。次いで、

「求山論」系の予言では、「十勝地」が強調されず、むしろほとんど言及されない。「十勝地」は、「遊山論」系の予言で強調される要素である。最後に、細井本を中心とする近代以降の刊行本は、「求山論」系を中心としたものが多い。

韓によれば、前近代において「十勝地」予言は、朝鮮中期の学者であり、風水師としても名をはせた南師古の予言として知られており、「鄭鑑録」関連の史料ではほとんど登場しないという。だとしたら、現在は「鄭鑑録」の内容として定説化している「十勝地」も、実は近代以降に創られたものだといえるだろう。

続いて、「鄭鑑録」で予言される李氏王朝の存続期間についても、異本間に相違が確認される。崔鍾成は、朝鮮後期以降、一〇〇年を周期とする「百年王国論」が盛行したことを指摘したが、(33)「鄭鑑録」異本でも李氏王朝の存続期間について三〇〇年説、四〇〇年説、五〇〇年説などが確認される。一四世紀末に李氏王朝が建国されて以来、一七世紀以降に登場した三〇〇年説は、民衆にその予言の緊迫性を拠り所とする反王朝運動を展開させた。こうした終末論は、以降一九世紀まで一〇〇年単位で延長・再生産され、四〇〇年説、五〇〇年説を生成した。ただし、五〇〇年説の場合、反王朝運動の実践につながる予言の緊迫性の側面より、日本の植民地支配によって李氏王朝の滅亡が現実化した状況下で結果論的な解釈が行われ、「鄭鑑録」予言の妥当性を強調する側面が強い。

二　一九二〇年代の『鄭鑑録』公刊

朝鮮で最も民衆に影響を与えた経典とは何でしょうか。四書五経でしょうか、新旧約聖書でしょうか。私に言わせたら、それは彼でも是でもなく、鄭鑑録だとお答えします。朝鮮民衆の中で、鄭鑑録を入手して直接見た人はその数が多く無からずとはいえ、児童を除いた朝鮮民衆の中で、鄭鑑録の一二節を聞いたことのない者もなければ、意識的であれ無意識的であれ、その中のいくつかの字句を信じない者もないでしょう。(34)

植民地期には朝鮮民衆の間で「鄭鑑録」に対する信仰が高まっており、朝鮮民衆にとって「鄭鑑録」とは朝鮮版のバイブルに他ならなかった。だが、上記引用でも指摘しているように、実際、「鄭鑑録」という書物に接し、読書といった行為を通じてその内容を熟知していたわけではなかった。つまり、一九二〇年代初期に至っても、「鄭鑑録」は風説と口伝によって流布していたのである。そうした「鄭鑑録」受容の大きな分岐点となったのが、近代公刊本である細井本の登場であった。以下では、細井肇の経歴を概観したうえで、細井本の登場がいかなる意味を有したのかを検討してみよう。

（一）細井肇の『鄭鑑録』公刊

武断統治から文化統治へと植民地統治の方針を大きく転換させた斎藤実総督は、在任中、各界の人物と大量の書簡交換を行うことを通じて、その内容を統治に積極的に反映させた。したがって、国立国会図書館に所蔵されている『斎藤実文書』には斎藤のもとに届いた膨大な書簡が含まれているが、なかでも、多くの割合を占めるのが総督府機関紙『京城日報』社長の阿部充家と、ここで取り上げる細井肇である。[35] 細井が斎藤総督に宛てた約三二〇通にも及ぶ書簡には、彼の具体的な統治構想や、親日団体・人物の育成案と支援策など、朝鮮統治に関わる重要な内容が記されている。そのなかで、一九二二年八月二八日付の書簡では、『鄭鑑録』の刊行に関する準備状況を報告し、『鄭鑑録』を行政文書として全国に配布すべきことを提案していた。

昨今李朝時代の禁断の秘書たりし鄭鑑録刊行について多忙を極め居り精読するに稀代の愚書にて斯るものを種に従来いろ〳〵の悪事行はれたるは遺憾ニ御坐候　仍て苟天下無営の愚書たる所以を原稿紙五十枚ばかり書きなぐり申候製本出来後御目ニ懸け候得共小生の小論文を漢諺訳し、之を巻頭ニ置き原書（擬似稿本並びに諸家の秘訣併せ掲げ申候）ハ漢文にて全道へ配布致し候ハバ行政上非常ニ良き結果を得る事と存候孔子の金像を拝する儒学運動よりも余程有効と存じ候が全道局所長面長まで大凡五六千冊御配布の事如何に候哉。[36]

この書簡での提案通り、細井は自身の経営する自由討究社から刊行中の「鮮満叢書」シリーズの第七巻として『鄭鑑録』を出版した。[37] 巻頭には「鄭鑑録」の蒙昧性を暴いた細井自身の小論文「鄭鑑録の検討」を載せ、「原書」と清水健吉による和訳文、そして擬似稿本を収録した。行政資料として活用するという提案も、一九二四年頃に実現されたようである。[38]

細井肇はなぜ「鄭鑑録」に注目し、そして公刊まで行ったのだろうか。その理由を知るためには、細井の経歴に触れておく必要があるだろう。[39] かつて斎藤総督が細井のことを、「学歴があるではなく、郷党の引援があるではなく、幼少の頃から自力で前路の荊棘を夷げながら、全くの空拳徒手で浮世の荒波と闘つて之を克服されて今日の地歩を築かれた」[40]と評したように、細井はまさに立志伝中の人物であった。零落した家庭に生まれ、苦労を重ねた細井の学歴は、東京成城中学中退に止まる。青年期には、炭鉱での日雇い労働や、辻占、新聞販売の仕事などを転々としつつ、その間に日蓮思想に心酔し、また社会主義思想からも影響を受けた。一九〇六年には久津見《くつみ》蕨村《けっそん》の斡旋で『長崎新報』に入社したが、翌年には長崎三菱造船所での賃金ストライキを主導したと見なされ退職を余儀なくされる。社会主義運動に関与した前歴は、一九〇八年に渡韓してからも引き続き問題視された。朝鮮では、アジア主義者たちのネットワークのなかで活動し[41]、日韓合併運動を支援しながら、一九一〇年一〇月には朝鮮研究会を立ち上げており、著述活動も行っている。だが、社会主義運動への関与の嫌疑を受けたことで退職、一時は日本に帰国するも、三一運動の勃発により彼は転機を迎えることになる。

大正八年三月一日、独立万歳騒擾の突発を東京に在りて耳にした時、私は私の一生の使命が、明らかに示されたのを見た。騒擾後直ちに南北支那を周遊しての帰途、朝鮮の事態を観察し、そこに刻々に音もなく国運民命を蝕み行く悪質の「癌」を明さまに眼に見ることができた。[42]

細井の著述活動、朝鮮古書の翻訳と刊行、講演活動の主たる目的は、三一運動を起こした朝鮮の民族性を分析することにより、植民地統治と経営のための情報を確保し、内鮮一体や同根同祖論など、植民地支配のイデオロギー形成を促すことにあったと評価されてきた[43]。確かに、細井の著述活動や古書の翻訳・刊行作業の基底をなしていたのは、「世界に類例なき悪虐たる民膏圧搾の暴政史[44]」のなかで「虐げられたる哀々無告の民衆[45]」を発見し、日本の植民地統治を正当化する論理であった。

だが、注意を払うべきは、細井が朝鮮古書を復刻する際に施した翻訳の存在である。同時期に朝鮮古書の復刻出版に関与したほかの研究会と細井らの事業との間の決定的な差異は、朝鮮古書に対する和訳の存在であるが、これは原文と翻訳を仲介する編集者の恣意的な選抜と排除という問題に関わる[46]。細井率いる自由討究社に先立って、朝鮮古書刊行会と朝鮮研究会がそれぞれ朝鮮古書を復刻出版していた。細井は、朝鮮古書刊行会の『朝鮮群書大系』については「原文其儘のもの」で「高価にして一般国民の講読に便ならず」と評価し、また朝鮮研究会の出版物に対しては「直訳」であるため、「意を尽さゞる節が少ない」という限界を指摘する[47]。細井は、著述・講演などを通して内地人が朝鮮人を理解するには、「難解広汎なる朝鮮の古史古書を提要して通俗な言文一致に訳解する[48]」必要があると考えていたのである[49]。

問題は、細井肇が刊行した『鄭鑑録』において、こうした編集者による選抜と排除が行われていたのかどうかである。この点についてはすでに確認したように、そもそもこのテキストの編集は細井が主体となって遂行したというよりは、むしろ、鮎貝を筆頭とする一九一〇年代の在朝日本人による朝鮮研究の産物であると捉える方がより妥当だろう。和訳に関しても、原文と大きく内容が異なる解釈は見当たらない。

ところで、「求穀種於三豊、求人種於両白」の箇所において、「求人種於両白」の字句が欠落している。この欠落が偶然なのか、それとも細井によって恣意的になされたものであるのかは定かではない。だが、同字句は「鄭鑑録」のなかでも最も有名な予言の一つで、とりわけ近代初期の移住運動や民衆宗教運動においても頻繁に繰り返されたものである。とすれば、もしかすると同字句の欠落は、細井によって意図的になされた「省略」であった可能性がある。

(二) 友邦文庫「鄭鑑録ニ就キテ」

一方、学習院大学の友邦文庫にも、「鄭鑑録」筆写本一部と別添の文書「鄭鑑録ニ就キテ」が所蔵されている(50)(以下、友邦文庫本)。同封のメモにより、友邦文庫本の作成時期とその主体とを推定することができる。ここには、一九二三年一月二七日頃(51)、京畿道の警視を務めた東忠紀から全羅南道警察部事務官の土師盛貞に宛てられたメモが挿入されており、そこから作成経緯をうかがうことができる。その内容は、高等警察課警部の李種植が、自ら蒐集した「鄭鑑録」に基づいて内容に一部独自の解釈を加えた上で刊行する必要性を訴えるものとなっている(52)。

ここで登場する李種植とは、主に総督府で通訳と朝鮮語教育の任に当たった人物である。彼は、一九〇八年から一一年には島根県立商業学校で朝鮮語教育も担当している(53)。内地延長主義論者だったようで、従来の内地延長論をまとめて刊行した著作(『朝鮮統治問題論文集』)も存在する。李は、「鄭鑑録」が「半島山河ノ形勢ヲ察シ将来ノ興亡如何ヲ予言セル書」であり、「一時朝鮮人ノ信念ヲ支配セル権威アル怪予言書」だと見なす前提に基づいて、その目次をあげている。この目次は細井本とはやや異なっており、「東世記」「徴秘録」「鑑訣」「歴歳要覧」の四編から構成されている。編ごとに簡略な説明がなされた上で、この四編のうちから「王家の興替」「日朝関係」「弓弓乙乙」「十勝ノ地」「殺門之地」「萃山之下積屍九里」「鉄鳥長ク断ク」の項目に該当する字句が選別されている。(54)

一、東世記
朝鮮カ国ヲ得ル迄ノ神秘的奇話ヲ掲ケ如何ニ神祐ノ多ナルヲ説キ人心ヲ収攬セムトセシ書ナリ　本書ハ鄭鑑録部類ニ属セサルヘキモ特ニ参照ノ為集録ス

一、徴秘録
漢陽ヲ汏阳ト隠書シ李氏五百年ノ都ト予言シ当時軍師無学和尚ト李太祖トノ五百年運命説ノ談話ヲ掲ク外ニ山河ノ形勢ヲ論シ勝地ナルモノヲ列挙シ之ニ隠捿セハ兵火ヨリ逃レ裕福安楽ナル生ヲ営ムヘシト

一、鑑訣
前項ノ外ニ特ニ朝鮮李王朝運ノ尽クル末期ヲ予言シ古来ノ名僧碩学ノ秘訣予言等ヲ多数蒐集セリ

一、歴歳要覧
右三種ト大同小異特殊ナル点ハ太古ニ於ケル十八史略的記実ヲ引例シ神語予言等ノ愚視スヘカラサルヲ暗示セリ

李は、同書が「日鮮関係ヲ呪フノ書」であり、「無根ノ風説ヲ流布スルモノ必ラス鄭鑑録ニアリトノ註ヲ加ヘ家言ノ神聖ヲ衒ヒ無名挟雑ノ宗教営業ヲ為ス徒輩ノ常套手段」という現状を批判している。さらには、「本書ニ関スル別録ノ種類アラハ御恵借ヲ願ハムトス」とし、可能な限り全ての秘訣を集め、公開することを企図していた。

李の指摘通り、当時の民衆宗教では「鄭鑑録」を利用して布教することが頻繁に行われていた。植民地朝鮮で「邪教」扱いを受けた代表的な宗教である普天教に即しながら、その初期布教においていかに「鄭鑑録」が利用されていたのかを見てみよう(55)。

普天教の幹部は、次の諸字句が「鄭鑑録」にあると宣伝していた。まず、破字の形式をとる「丈六金身、化為全女」の字句は、金山寺に奉安された丈六の弥勒仏像が「全女」＝姜、つまり姜甑山の姿になったものと解釈されていた。次に、「光丑雖変怪、甑山通九夏」の字句は、光武皇帝在位の辛丑年（一九〇一年）に、姜甑山の教えが天下に広まると解釈された。この年は姜甑山が悟りを得て、「天地の公事」を執り行いはじめた年である。そして、「八難流午運、鳴膝尊太乙」の「午運」とは、先天と後天の易が交わる時期のことを指すのだとされた。交易に際しては多くの災難が発生するが、そこから身を守る唯一の方法は太乙呪を暗唱し、普天教を信仰することだけだと説かれていた。また、「母岳山下金仏能言天冠山下琴人奉璽」の字句は、「母岳山下金仏」＝姜甑山による創道と、それを承けた「天冠山下琴人」＝車京石が皇帝の座につくものと解され、姜甑山の後継者として教主の車京石を位置づける説教も行われた。「烏烏啄啄合為一字然後、活路可知、上上九九合為一字然後、去處可知」の字句は、姜甑山（「烏烏啄啄合為一字」は姜の篆字の破字）と車京石（「上上九九合為一字」は車の破字）による救済として解釈された。

（三）『鄭鑑録』のブーム

細井による初めての公刊以降、朝鮮人による『鄭鑑録』公刊も次々に行われた。一九二三年三月には金用柱が漢城図書株式会社から『鄭鑑録』を、また同年には玄丙周が槿花社から『批難鄭鑑録真本』[56]を、それぞれ出版している。

一九二〇年代の刊行本のなかで最も多くの秘訣を収録する刊本は、約六〇種類の秘訣を紹介している金用柱本である。白承鐘は、『鄭鑑録』に対して批判的な注釈を付け加えた玄丙周とは異なり、付言と説明無しで最も多くの秘訣を収録した金用柱が民族主義的立場を堅持していた可能性を示唆しているが[57]、事実関係に誤りがある。

金用柱は、当時京畿道参与官であった金潤晶の長男で、九歳の時に公司官書記生であった父親に連れられて渡米し、米国の大学に学んだ後、一九二一年に朝鮮に帰国した人物である。帰国後は、『毎日申報』の姉妹誌である英字新聞社のソウルプレス社に勤めていた。また、結局離婚することとなってしまうが、植民地朝鮮においてはじめて公的に内地人と結婚して、「内鮮融和」を具現したという評価を受けたこともあった。人生の大部分を米国で過ごした金用柱は、日常会話はできたが、朝鮮語に精通していたわけではなく、さらに十分な漢文学的知識を身につけていたとも考えにくい。

したがって金用柱本は、金用柱本人の手で成ったというよりは植民権力により作成された可能性が高く、すでに蒐集と編集を終えた原稿を、当時の植民地朝鮮内で名望のあった金用柱の名を借りて刊行したと推測される。だとすれば、むしろ金用柱本こそ、朝鮮総督府を含む植民権力が様々なルートを通じて蒐集していた、秘訣の集大成であるといえるだろう。金用柱本に唯一収録された諸秘訣は、小倉進平や浅見倫太郎など在朝日本人学者の所蔵本と重複しているが、この点においても上記の推測を裏づけることができる[58]。

一方、玄丙周の場合、その生涯と著述活動が、彼の民族主義的・啓蒙主義的志向を如実にあらわしている。よって、『鄭鑑録』に対する批判的立場を共有していたからといって、玄丙周が細井と同じ立場をとっていたとすることには慎重であらねばならず、再考を要する。

度重なる『鄭鑑録』の刊行は、「鄭鑑録の競争」という新たな風潮を形成するに至った。

> 近日、鄭鑑録の発刊を当局が許可し、これを印刷・発売する者が多いが、各々自賛的に宣伝して各地方に販売しようと甚だ忙しいようで、其の内容と題目は数種あり、朝鮮図書株式会社と漢城図書株式会社から発売されたものは朝鮮人の名義で発行されたものであって、最初に出版されたものである。其の内容とは、七書四十七訣の百三十余の頁からなった書物で、特価八十銭、其の出所と由来が相当であるという。以文堂から発売されたのは日本人の著作にして[59]、二十二訣の七十頁の書物で、代金は七十五銭、真本鄭鑑録とし、万が一真本でなければ代金の返金までも保証する。また東京から発刊されたのは未だ朝鮮に渡っていないようである[60]。

禁断の秘書鄭鑑録と言えば、古史研究上においても個人の好奇心においても皆が一度は読もうと欲し、一冊万貨の考えがあって、或いはある所にあるとしてもその内容は不十分、または歴史に対する知識が無い者の筆先が到底真境を模写しきれず、満足感を味わっていなかったことが遺憾であったが、昨年以来朝鮮古史古書の訳を刊行する東京自由討究社では、細井社長が自ら編集を監督して鄭鑑録の原文全部を和文に訳して鮮満叢書第七巻として出版した。この秘書の購読を希望するものは直接東京中渋谷自由討究社に注文するようにとのことであるが、定価は二円である。[61]

これらの『鄭鑑録』はいずれも版を重ねており[62]、朝鮮社会には「『鄭鑑録』ブーム」とでもいうべき現象が発生した。少なくとも、当時の人々が一九二三年に最も売れた本と認識するほど[63]、『鄭鑑録』は人気を博した。だが、この『鄭鑑録』ブームは、啓蒙の使命を負っていた知識人社会にとって批判すべき現象にほかならなかった。

金儲けのためなら何でもやる。警務庁によって禁じられさえしなければ何でもやる。朝鮮人族全体の利益など知るものか。まずは自分さえよければ。かかる心理の持主がそれを今日の社会で公然と行使すれば、我々は彼に対して必ず如何なる態度を取るべきか。近来、所謂鄭堪《ママ》録と虚無荒誕の文が公然と世に発表され、その発行者である日鮮の稼ぎ屋さん達は連日広告を載せて馬鹿騒ぎをしている。鄭堪録などの書類は古昔の特殊階級に属した者が、自家の勢力を拡張せんとする術策にして、運命的な観察を流布したるものに過ぎず。日本が維新を、中国が革命をなし遂げる間、唯朝鮮の大衆が虚妄なる伝説の拘囚者となって自進自立出来ぬを思わば夢のなかでも唖然とするが、かの謀利の徒輩がまたそれを出版競売するか(64)。

『鄭鑑録』ブームを批判したこの論説は、金儲けのためなら民族の功利は等閑視する出版業界に向けられたものである。出版界の自浄を要求する声は立て続けに出されたが(65)、その内容は出版業者が営利のみを追求して、民衆の低級心理に迎合し、混迷させるというものであった。

確かに当時、『鄭鑑録』の出版が相次ぐなかで、真本如何を販売戦略の武器とする雰囲気は存在した。ただ重要なのは、こうした販売戦略が先行してあり、それに民衆が応じたのではなく、民衆のなかにもともと潜在していた好奇心と要求が、むしろそのような販売戦略を促進させたと考えられる点だろう。

一方、朝鮮総督府の通訳官・西村真太郎は、『鄭鑑録』ブームに対して、冷ややかな視線を向けていた。

最近に至り、朝鮮総督府警務局に於ては、斯の書を悪用するは其の秘密性を通用するにありとし、之が出版を許可したるに数人の書籍ブローカーが之を発行したりしも、何れも一千部以内の刷上に対し、内僅に数十乃至数百の販売を見たるに過ぎず、然かも従前より本書を悪用し居たりし徒輩は暗に流言すらく、目下市井に発売せられ居れる鄭堪《ママ》録は真の鄭堪録に非らず、神秘妙不思議の有り難き鄭堪録は別に存す、我等の信奉するのはそれなりと。実に噴飯の至りなり(66)。

『警務彙報』に掲載されたこの文章は、警察官向けに作成されたものである。朝鮮総督府による当初の『鄭鑑録』への取り組みの目的がどこにあったのかに加えて、実際の売れ行きがそこまでよくなかったと記述されているところが目を引く。だが、それよりもここでは、こうした記述に続く形で『鄭鑑録』が紹介されている箇所に注目したい。西村真太郎は、「その内容の原文を訓読し、之に彼等一流の説明其の者《ママ》を付記して参考とし」て、「山水論」「李鄭問答録」「性恒章」「道秘記」を取り上げている。同目次は、鮎貝―細井本ではなく、杉山本の構成と一致する。流暢な朝鮮語を駆使し、主に朝鮮総督府の通訳と新聞および雑誌の検閲を担当した西村が[67]、鮎貝―細井本を無視しているのである。同じく、一九三三年に刊行された村山智順の『朝鮮の占卜と予言』も、細井本ではなく、金用柱本と『朝鮮秘訣全集』を引用して著述されている。

おわりに

本章では、植民地期に行われた『鄭鑑録』の公刊という問題を主眼に据え、その過程を追った。まず、一九一〇年代に作成されたいくつかの「鄭鑑録」の編集本と解題の比較検討作業を行った。すなわち、最初の公刊本の底本でもある在朝日本人学者・鮎貝房之進の編集本、平安南道の憲兵警察・杉山萬の編集本、そして今西龍が解題を担当した大韓帝国学部顧問・幣原坦の所蔵本それぞれを比較し、著述の動機や内容の異同を検討した。それぞれ学者、憲兵警察、官僚として植民地統治に関与していた彼らは、日韓合併を前後とする植民地統治初期の頃から「鄭鑑録」に注目していた。杉山本と幣原本には内容的な類似が確認されたが、鮎貝本はこれらとやや異なる内容となっていた。このことから、一九一〇年代においては二系統の「鄭鑑録」が存在していたことがわかる。また、鮎貝本が細井肇の編により公刊されて世に知られることになったことで、結果的に鮎貝―細井本が「鄭鑑録」を代表することとなった。

そしてその細井による『鄭鑑録』公刊は、朝鮮古書と文学に見られる朝鮮の民族性を分析するという目的に基づいて行われたものであり、またこれらの和訳を通じて内地人の朝鮮に対する理解を促し、植民地統治の必要性を力説するといった、彼の一連の活動と連動しつつ行われたものでもあった。『鄭鑑録』の公刊と配布は総督府の庇護のもとで行われたものであったが、総督府のなかでも、内地延長主義の立場を堅持した朝鮮人通訳・李種植により「鄭鑑録」公刊の必要性が建議されていたこと、その際に添えられた「鄭鑑録」の中身が鮎貝―細井本とは異なっていたことが確認された。

一九二〇年代には、細井による『鄭鑑録』公刊を嚆矢として、朝鮮人（金用柱・玄丙周）、日本人出版業者（柳田文治郎）による『鄭鑑録』出版が相次いだことで、複数の『鄭鑑録』がその真偽をめぐって競い合うこととなり、朝鮮社会で大きな話題を呼んだ。このような風潮は朝鮮社会の知識人からの批判を受けつつも、当時の民衆が「鄭鑑録」に注いだ関心の大きさを示すものでもあった。

一方、一九三〇年代に入ると、朝鮮総督府に属して通訳と検閲に関わった西村慎太郎、嘱託として様々な調査活動を行った村山智順らは、鮎貝―細井本ではなく、金用柱本こそが真の「鄭鑑録」であると認識するようになった。こうした彼らの認識が何を根拠として形成されたものであったのかに関しては、今後の課題としたい。

註

(1) 以下では便宜上、朝鮮後期の予言書およびそれに関連した信仰体系または実践を指す場合には「鄭鑑録」に、近代以降活字化された刊行本に関しては『鄭鑑録』に、区分して表記する。

(2) 金鐸『鄭鑑録――新たな世を夢見る民衆の予言書』（살림、二〇〇五年）、三七頁。

(3) 高成勲ほか『民乱の時代――朝鮮時代の民乱と変乱』（가람기획、二〇〇二年）、一一六～一一七頁。

(4) 정진헌「一八世紀末政府の鄭鑑録讖緯説認識と対応策」（『역사와현실』一一一、二〇一九年）、二二四頁。

(5) 安春根編『鄭鑑録集成』（아세아문화사、一九七三年）。

(6) 이민수訳註『新訳 鄭鑑録』（홍신문화사、一九八五年）、양태진『鄭鑑録――民族宗教の母胎』（예나루、二〇一三年）。

(7) 白承鐘著（松本真輔訳）『鄭鑑録――朝鮮王朝を揺るがす予言の書』（勉誠出版、二〇一一年）。

(8) 鮎貝房之進「鄭鑑録」一九一一年（韓国国立中央図書館所蔵、請求番号：고―四九六―三〇）。

(9) 細井肇編『鄭鑑録』（自由討究社、一九二三年）。

(10) 在朝日本人によって設立された研究会および団体については、崔惠珠の研究が詳しい（崔惠珠『青柳綱太郎の朝鮮偵探と出版活動』漢陽大学校出版部、二〇二〇年）。

(11) 釋尾春芿「序」（朝鮮古書刊行会『朝鮮図書目録』日韓印刷株式会社、一九一一年）、二頁。

(12) 今西の解題では、「然るに明治四十年の頃石井法学士之《ママ》を鏡城に見て謄写せしめられ、松宮春一郎氏に贈られしを、更に幣原博士の写さしめられしより、小生も博士の恩恵を被りて観るとを得たり。其後萩野博士は京城に古文書を採訪せられ此書一通を獲られたり」（今西龍「鄭鑑録解題」〈『仏教史学』一（一〇）、一九一一年一二月〉）と、回覧を通じた「鄭鑑録」の入手経路が明記されている。また、鮎貝本を筆写した写本には、赤ペンで注釈・正誤表・誤脱字の校正を行った痕跡が残されている。

(13) 杉山蕣編『堪録抄』一九一六年、筆写本の二部が東京大学の小倉文庫に所蔵されている（請求番号：L四四七七〇、L四四七六九）。

(14) 今西龍註(12)前掲論文。

(15) 日文研所蔵の「鄭勘録」には、冒頭に那須少佐による入手経緯が記されている「本書ノ原本ハ筆写ニシテ極テ古色ヲ帯ヒ頗ル年ヲ経タルモノ、如シ所持者ハ江原道蔚珍郡李熙喆五十八年（身分不詳）ニシテ大正元年八月十七日発見本人ノ承諾ヲ得テ本部ニ領置ス　聞ク所ニ拠レハ本書ハ僧鄭勘ナル者ノ著述スル所ニシテ李朝ノ壓迫ヲ恨ミ其滅亡ヲ□シテ□センスルノナリト故ニ所持スルコトヲ厳禁セラレシヲ以テ所謂珍本ナリト云フ」。

(16) 朴海仙「植民地朝鮮と鄭鑑録」（『日本近代学研究』五九、二〇一八年）。

(17) 『朝鮮』一（四）の七頁に「韓人は殆ど教ゆべからず」という鮎貝の談話を載せた編集人釋尾春芿は、文頭に「氏は京城に於ける朝鮮通のヲーソリチーなり」と在朝日本人社会における鮎貝の位相を書き添えている。

(18) 鮎貝は一八八四年、二〇歳の時に文部省給費生に選抜され、東京外国語学校に新設されたばかりの朝鮮語科で約五年間修学して、第一期の卒業生となった。鮎貝の経歴については、井上学「槐園・鮎貝房之進について」（『朝鮮研究』八二、一九六九年、五〇～六三頁）、同「槐園・鮎貝房之進について　上」（『朝鮮研究』八四、一九六九年、五五～六三頁）、同「槐園・鮎貝房之進について　下」（『朝鮮研究』八五、一九六九年、四六～五二頁）、鮎貝久仁子「鮎貝槐園の生涯」（『短歌研究』三二（九）、一九七五年、一〇六～一〇七頁）を参照した。

(19) 宮城県気仙沼市にある鮎貝の本家は、経済的には貧困であったものの名家として認知されていた。歌人で国文学者の落合直文（本名は鮎貝盛光）は鮎貝の実兄にあたる。また鮎貝久仁子は、藤塚鄰、藤田亮策、岡倉天心、徳富蘇峰、林権助、金允植、伊藤博文、幣原坦、小宮三保松、国分三亥、関野貞、鳥山喜一、奥平武彦、小田省吾、国分象太郎、大友歌次、今村鞆、増田道義、与謝野鉄幹、瀬戸潔（京城帝大医学部）、浅川伯教などと関わりを有していた（鮎貝久仁子註(18)前掲論文、一〇六～一〇七頁）。

(20) 高崎宗司『植民地朝鮮の日本人』（岩波書店、二〇〇二年）、三一頁。

(21) 鮎貝房之進『雑攷』第一輯～第九輯（一九三一～一九三八年、朝鮮印刷）。

(22) 憲機第二六三四号「伊藤遭難事件調査報告書　第一報」一九〇九年一二月三〇日。

(23) 一九一〇～一九一三年平安南道警務部警視、一九一四～一九一七年文官警察任用憲兵（一九一〇～一九一一年陸軍憲兵中尉、一九一三年以後は陸軍憲兵大尉に昇格）。

(24) 「叙任及び辞職」（『官報』一九一九年一〇月二八日）。

(25) 윤정란『韓国戦争とキリスト教』(한울아카데미、二〇一五年)の第一章「한반도 서북 지역과 월남 기독교인」を参照されたい。
(26) 杉山靠註(13)前掲書、一丁上。
(27) キリスト教と「鄭鑑録」との結合については、本書第一章を参照されたい。
(28) 鮎貝房之進註(8)前掲書、六丁。
(29) 今西龍註(12)前掲論文、五七頁。
(30) 鮎貝房之進註(8)前掲書、六丁。
(31) 鮎貝房之進「朝鮮人の日本観」(木村友之丞編『朝鮮講演』朝鮮日報社、一九一〇年)、一〇三～一〇四頁。
(32) 韓承熊『朝鮮後期変乱の宗教史研究――推鞫資料からみた反乱と革世宗教』(ソウル大学大学院二〇一九年度博士学位請求論文)、一二三～一三五頁。同「最初の鄭鑑録英訳本、そして韓国予言書研究の諸難題」(『한국문화』八四、二〇一八年)。
(33) 崔鍾成「鄭鑑録百年王国論と朝鮮後期の危機説」(『歴史民俗学』六一、二〇二一年)、七～三六頁。同「柳田文治郎本『真本鄭堪録』の検討――「鄭堪録」編を中心に」(『宗教学研究』四〇、二〇二二年)、一～二六頁。
(34) 魯啞「八字説を基礎とした朝鮮民族の人生観」(『開闢』一四、一九二一年八月)。
(35) 内田じゅん著〔韓承東訳〕『帝国のブローカーたち』(도서출판 길、二〇二〇年)。
(36) 『斎藤実文書』「書簡その二部」。
(37) 同書の刊行は、朝日新聞の紙面でも取り上げられた。「鄭鑑録(細井肇編著)李朝を五百年と予言したとて有名な著書の和訳である、なほ無学伝、道詵秘記等の秘訣輯録の一部を収め、且擬似稿本を付録としてある」(「出版界」『朝日新聞』一九二三年五月五日)。
(38) 末尾に記された「本書発送先」は、「東京(二)、朝督、隷下部隊、朝憲、旅順、春天(二)、長春、哈爾濱、天津、北京、上海、鎮要、釜山、間島、琿春、満州里、黒河、薩哈嗹」である。独立運動勢力の影響が大きく、治安上の注意の要する国境隣接の地域に集中していたことが確認される(『鄭鑑録』〈東京大学水戸徳川林制資料所蔵本〉)。冒頭の「前言」には、同印刷本の制作経緯が記されている。当時、普天教と天道教など民衆宗教は、

「大正十三年ノ「甲子」ニ際会スルヲ捉ヘ「必スヤ鮮地ニ一大変動アラン否ナ朝鮮ハ独立ヲ完成スヘシ」」としながら、それを関東大震災の発生と結びつけることで布教に拍車をかけていた。とりわけ、普天教では、一九二四年の甲子の年に教主・車京石が天子に登極するという「甲子登極説」が教勢伸長に決定的な役割を果たした。植民権力は、こうした甲子説の出典である「鄭鑑録」を大本教の「御筆先」に比肩するものとして認識し、細井本の抜粋を各関係部隊に提供し、万一の状況に備えるようにしていた。

(39) 細井の経歴に関しては、青野正明「細井肇の朝鮮観――日本認識との関連から」(『韓』一一〇、一九八八年)、高崎宗司『「妄言」の原形――日本人の朝鮮観』(木犀社、一九九〇年)の第一〇章「朝鮮民族性悪論――細井肇」、高崎宗司註(20)前掲書を参照。

(40) 斎藤実「序文」(細井肇『日本の決意』大日本雄弁会講談社、一九三二年)、二頁。

(41) 細井の回顧によれば、当時の官僚は南山に位置した統監府を、浪人たちは昌徳宮を拠点として集まった。「井上雅二、権藤四郎介、其他操觚界に因縁浅からざる諸氏ここに割拠し、民間にありては故一木才太郎、内田良平、故武田範之、菊池謙譲、大垣丈夫、大澤龍次郎、新橋栄次郎などの諸豪、日夕相来往して高談放論し、一方韓国側にありては、李完用、宋秉畯、故趙重鷹の諸氏中心となり、韓国末期の政局に危くも権略の一路を歩みつゝ、李容九(一進会)、権東鎮、呉世昌(大韓協会)、李甲、鄭雲復(西北学会)、金完漢、高義駿(政友会)等韓政党の諸氏と対抗し、風雲の会将さに到らんとして、天気、地気、人気真に陰惨を極めたり」(細井肇「跋」〈青柳綱太郎『朝鮮統治論』朝鮮研究会、一九二三年〉、一~二頁)。

(42) 細井肇「序文」『朝鮮文学傑作集』奉公会、一九二四年、三頁。

(43) 김효순「三・一運動と細井肇監修「洪吉童伝」翻訳研究――洪吉童表象と琉球征伐エピソードを中心に」(『翰林日本学』二八、二〇一六年)。

(44) 細井肇註(9)前掲書、三九頁。

(45) 同前、四三頁。

(46) 박상현「帝国日本と翻訳――細井肇の朝鮮古小説翻訳を中心に」(『日語日文学研究』七一(二)、二〇〇九年)、四三五頁。

(47) 細井肇「『朝鮮文学傑作集』の巻頭に題す」(『朝鮮文学傑作集一』奉公会、一九二四年九月)、六頁。

(48) 同前、五頁。

(49) ただし、朝鮮古書刊行会と朝鮮研究会、そして自由討究社には共通する点もあった。それは、朝鮮古書に対する在朝日本人と内地人の無関心を痛感していたことである。したがって、これらの研究会の出版活動には慢性的な財政難が付き纏った。そうした現状に対し細井は、「私は、内地人は勿論、朝鮮に在住する内地人の、如何に朝鮮問題に対して無関心なるかについて、驚くとか憤るとかよりは寧ろ呆れ返らざるを得なかった。朝鮮に在る内地人官吏のみでも五万を数へる。彼等は何を念じて官職にあるのであるか」(同前、七頁)というような鬱憤を吐露している。

(50) 資料請求番号『鄭鑑録』M四―三三―一、『鄭鑑録ニ就キテ』M四―三三―五。

(51) 李種植(一九〇八年水原警察署通訳生、一九一一～一七年朝鮮総督府学務局学務課嘱、一九二一年京畿道警察部、一九二二～二四年京畿道警察部警務課および高等警察課警部)、東忠紀(一九二三～二六年京畿道高等警察課警視)、土師盛貞(一九二三年全羅南道警察部事務官)の経歴に鑑みれば、このメモが一九二三年頃に作成されたものであると推定できる。

(52) 「別冊ハ課員李種植警部カ蒐集一部ノ解釈ヲ加ヘ刊行ノ必要ナル意見ヲ述ヘタル者ニ有之御参考迄ニ御送付申上候余部二冊ハ局長、課長へ御提出御願候」。

(53) 李種植『朝鮮統治問題論文集』第一編(朝鮮思想通信社、一九二九年)、七六頁。

(54) 「戕《ママ》訣、東国歴代気数本宮陰陽訣、歴代王都本宮数、三韓山林秘記、無学伝、五百論史、五百論史秘記、道宣秘訣、鄭北窓秘訣、南師古秘訣、南敬菴山水十勝保吉之地、西山大師秘訣、杜師聰秘訣、華岳路程記、避蔵■、北頭流路程記、慶州李先生家蔵訣、三道峰詩、西溪李先生家蔵訣、土亭家蔵訣」。

(55) 洪凡草「普天教史」(『汎甑山教史』汎甑山教研究院、一九八八年)、七六～七七頁。

(56) 玄丙周の『(批難)鄭鑑録真本』は、一九二三年槿花社において初版が刊行されて以降、一九二六年漢城図書株式会社において再刊されたという。白は、文友館から刊行した玄丙周本を検討の対象としているが、文友館は玄丙周本人が運営した書店であり、主に朝鮮古書を出版したという(장연연「大衆啓蒙主義者玄丙周研究」〈仁

荷大学校大学院博士学位請求論文、二〇一五年)、一五〜二一頁)。

(57) 白承鐘著〔松本真輔訳註〕(7)前掲書、二五七頁。

(58) 朴海仙註(16)前掲論文、三〇八頁。

(59) 以文堂の編集部代表であった柳田文治郎が出版した『真本 鄭堪録(付)諸家秘訣』を指す。柳田による出版の背景や経緯は定かではないが、書籍商としての履歴からすると、当時話題作であった「鄭鑑録」の出版ブームに便乗し、儲けようとしていたのではないかと推察される。新聞之新聞社出版部編の『出版人名鑑』(新聞之新聞社、一九三二年)に掲載されている柳田の人物情報は次の通りである。「群書堂主(住所)京城府本町二丁目一四番時(電話本局三一九五番、振替京城九七一〇番)氏は明治七年四月十一日栃木県に生る、東京市麴町区飯田町に移転の後、更に渡鮮現在地に在りて群書堂を創立、爾来一般書籍雑誌の販売を営み今日に至る、書画、骨董、盆栽に趣味を持つ、家族に今岡寛(一八)君、柳田太平(一七)君がある」(大久保久雄監修『帝国日本の書籍商史——人物・組織・歴史』第三巻〈金沢文圃閣、二〇一七年〉、一二八〜一二九頁)。

(60) 「鄭鑑録의 競争」(『朝鮮日報』一九二三年三月二五日)。同様の記事として、「秘訣鄭鑑録는 류사한 거시 만흐니 진본에 주의가 필요」(『毎日申報』一九二三年三月二七日)がある。

(61) 「秘訣 鄭鑑録 한 권에 二 원씩으로」『毎日申報』一九二三年二月二七日。

(62) 細井本は、一九二三年二月一五日に発刊されてから七日後の同月二二日に再版され、同年三月二日には早くも三版が出ていた。柳田本は、一九二三年三月一九日に初版本が発行され、約一〇日後の同月三〇日に再版された。

(63) 「現在、我等の思想界に何よりも足りていないのはまた、「科学的態度」である。〔中略〕我等の出版界で最もよく売れる本は文学や科学の名著ではなく、鄭鑑録である」(梁明「우리의 思想革命과 科学的 態度(我等の思想革命と科学的態度)」『開闢』一九二四年一月)。

(64) 「惑世誣民의 鄭堪録 発行에 対하야」(『開闢』、一九二三年四月一日)。

(65) 天友「나의 最低希望——新聞 雑誌 及 其他 出版業者에 対하야」(『開闢』一九二五年二月一日)。

(66) 西村真太郎「鄭鑑録」(『思想彙報』二三、一九四〇年六月)。この文章は、もともと『警務彙報』の三七三・三七五号(一九三五年)に上・下に分けて掲載されていたものを、再掲したものである。また、当時の雑誌『三千里』にも翻訳された上で掲載された（「怪書「鄭堪録」解剖」〈『三千里』九（五）、一九三七年一〇月〉、一六頁）。

（67）一八八八年兵庫県に出生、一九一〇年に渡韓し、一九一四年一二月には朝鮮総督府司法部、一九一八年京城地方法院書記兼通訳生、一九二〇年警務局通訳生、一九二一年通訳官（一九四〇年に退役）の職についた。西村の経歴に関しては、박광현「検閲官西村真太郎に関する考察」（『국문학연구』三二、二〇〇七年）を参照。

第二部　植民地朝鮮における民衆宗教の展開

第三章　植民地朝鮮における「類似宗教」の課題

――普天教の活動を中心に――

はじめに

甑山系新宗教の普天教は、植民地朝鮮の民衆から圧倒的な支持を得た教団である。その教勢は、植民地期を通じて圧倒的な影響力を誇った天道教を一時的に上回るほどであった。しかしながら、「官庁からは排日団体に指目され、非常に厳しく取締られ、朝鮮社会からは親日分子に誤認され、攻撃が絶えなかった(1)」普天教の歴史は、浮沈を繰り返すものであり、決して順風満帆なものとはいえなかった。最終的には、全方位的な批判に晒されたことで孤立状態に追い込まれ、一九三六年には解散を余儀なくされている。本章では、こうした普天教の活動をとりあげることで、植民地朝鮮の宗教政策において「類似宗教」の範疇に属した民衆宗教が直面した様々な課題やジレンマについて考察していきたい。

植民地朝鮮の民衆宗教を論じる際、従来指標とされてきたのは、近代性と民族主義であった。そして、かかる指標に適合する宗教にのみ、「民族宗教」ないし「民族運動」といった評価を与えるという傾向が強かった。こうした従来の研究において普天教は、評価が分かれてきた。例えば、普天教研究を牽引してきた安厚相は、普天教の上海臨時政府への資金援助や物産奨励運動[2]、普天教教徒による抗日運動[3]に注目し、普天教を「民族運動」として捉えるべきことを積極的に主張した。また、普天教の公開における植民当局の裏工作[4]や、弾圧以後の普天教の解体過程を追跡することで[5]、普天教が被った植民当局による苛烈な弾圧の実態を明らかにした。こうした安厚相の研究は、普天教の「反日性」に注目するものであったといえる[6]。普天教を「甑山宗教運動」という民衆的ないし民族的宗教運動の中心に置き、その理念と思想から近代性と民族性を読み取った盧吉明[7]や、東学農民運動の挫折により達成できなかった民衆のユートピア的願望を、復古的伝統主義の共同体（commune）という形で実現しようとした存在として普天教を捉え、かかる民衆意識とその限界を指摘した黄善明[8]も、おおよそこのような枠組みを踏襲している。一方で金正仁は、当該期に普天教に対して貼られた「邪教」や「迷信」といったレッテルこそが、近代性ないし民族性という基準に基づくものだとする理解のもと、そのような評価は概ね正しいものと見なして、むしろ普天教を否定的に捉えた[9]。

近年では、近代性や民族主義といった指標を絶対視するのではなく、むしろ普天教の「近代」経験といった形での捉え直しを図る研究も出てきている。「社会・大衆に対する主導権を先取りするための思想や運動の競い合い」といった観点から普天教を検討した張ウォンアの研究[10]や、植民地朝鮮における宗教政策の変動と連動して宗教地形が再編成されるなか、普天教が近代宗教へと変貌してゆく過程を綿密に追跡した宋炯穆の研究[11]などがそれである。

こうした近年の研究を承けつつも、本章では普天教に注目することで、「宗教概念」論[12]によって示された植民地朝鮮における「類似宗教」という問題に接近することを試みたい。では、「類似宗教」

とは何か。まずは既存の研究成果を参照しつつ、それについての簡単な解説をしておきたい[13]。

植民地朝鮮に宗教概念が受容され、宗教領域が再編されていくなかで、「類似宗教」概念は、近代宗教概念の「陰画」として浮上してきた[14]。周知のように、植民地朝鮮の宗教領域は、一九一五年に制定された布教規則によって三つに区分された。すなわち、「公認宗教」(「第一条　本令ニ於テ宗教ト称スルハ神道、仏道及基督教ヲ謂フ」)、「類似宗教」(「第一五条　朝鮮総督ハ必要アル場合ニ於テハ宗教類似ノ団体ト認ムルモノニ本令ヲ準用スルコトアルヘシ」)、そして保安法により結社が禁止された「秘密結社」(「第一条　朝鮮総督ハ安寧秩序ヲ保持ノ為メ必要ノ場合ニ結社ノ解散ヲ命スルコトヲ得」)である。「公認宗教」は宗教行政の管轄下に置かれたが、「非公認宗教」は警察当局の所管を受けた。朝鮮の宗教は、これらの区分によって再配置されることとなった。

「類似宗教」は、「非公認宗教」を宗教行政の管轄内に編入するために設けられた区分であったが、その機能は「類似宗教」とされた諸宗教を宗教行政の管轄下に包括し、そして〈懐柔〉するというところにあった。同じく「非公認宗教」であったとはいえ、その存在自体が禁止された「秘密結社」が常時厳しい取締り、弾圧の対象であったのとは対照的に、「類似宗教」には〈懐柔〉を通して「公認宗教」に近づき得る道筋が残されていた。しかしながら、植民地朝鮮において実際に「類似宗教」から「公認宗教」へと上昇を果たした事例が皆無であった点には、注意しておく必要がある。

一九三〇年代には、終末論的教義を説く民衆宗教に対する警務局の警戒が高まり、また総督府によって心田開発運動が展開された。これによって、「類似宗教」を取り巻く状況が変化し、かかる概念そのものにも質的な変化がもたらされた。すなわち、かつての〈懐柔〉路線が後退し、代わってむしろ「類似宗教」とされた宗教のなかに潜む「秘密結社」を炙り出すための、厳しい取締りが行われることとなっていったのである。いわば「類似宗教」は、「公認宗教」と「秘密結社」との間に設けられた一種の「グレーゾーン」であったといえる(15)。

こうした前提理解に基づきつつ、以下の本論を進めていくことにしよう。

一　「類似宗教」普天教の誕生

(一) 姜甑山と初期教団

普天教とは、東学の創始者・崔済愚とならんで、民衆宗教の発生に大きな影響を及ぼした姜一淳(一八七一～一九〇九。号は甑山。以下、甑山に統一)を信仰の対象とする、甑山系宗教である。まずは、甑山の生い立ちと彼の思想的特徴、そして生前に形成された初期教団の特徴について確認しておきたい。

甑山は、全羅南道古阜(現・全羅南道井邑地域)に生まれた。父親は没落した両班の出身で、生活は非常に厳しかった。甑山は、幼年期には書堂で漢学を学んだが、家庭の貧窮という事情によって学業を途中で断念せざるを得なくなる。その後、生計を立てるために農業や樵業に従事するが、一八九四年には村に書堂を開き、そこで子供を相手とする教育を行うようになったとされている。

一八九四年、東学農民運動が発生した。甑山が暮らした全羅南道古阜とその一帯は、まさに東学農民運動発祥の地であった。そのため、彼は書堂の運営を中断し、乱を避けて身を隠すこととなった。

重要なのは、東学農民運動に際し、甑山が周りの人々に向けて東学の敗北を予言し、東学への参加を引き止めたとされていることである。この甑山の予言は見事に的中し、東学農民運動はあえなく失敗に終わった。この甑山の予言によって命を救われた人々が、最初の信徒となっていく。

甑山は東学農民運動の失敗を予言した。しかし、東学を否定したわけではない。そのことは、後に甑山が宗教活動を行うにあたり、東学の呪文を継承したことや、彼の宗教的な世界観のなかで東学の人物が神として重要な位置づけを与えられていることからもうかがえる。甑山が警戒したのは、東学農民運動が超越的な次元ではなく、世俗的な次元、つまり現実において社会変革を企図し、大規模な抵抗運動を展開したことであった。甑山は、たとえ社会の矛盾を解決するために起こした変革運動であったとしても、その過程で発生する犠牲は「寃《えん》」（怨み）を生むためよくないと考え、東学農民運動からは距離を置いた。なお、東学農民運動の経験それ自体は、甑山が民衆を救う意志を固める契機ともなっている。

宗教活動を本格的にはじめるにあたり、甑山はまず、民間に流布していた儒仏仙のあらゆる書籍を集め、それらを通読した。次いで、人心と世情を知るために、約三年をかけて朝鮮各地を周遊している。この約三年にわたる周遊の途中で甑山は、幾度も病気治しや予言などを行い、それによって周囲の人々から「真人《しんじん》」と認識されていたのだとされる(16)。

周遊を終えて帰郷した甑山は、従前の法術では到底現世の矛盾を根本的に解決することができないと考え、一九〇一年二月より全州母岳山麓の大院寺に修行に入る。そして同年七月、ついに「天地の大道」を悟り、「天地公事」という独自の後天開闢論を打ち出すに至る。

私のなすべきは天地を開闢すること、即ち天地公事である。〔中略〕私は三界の大権を主宰し、先天の度数を立て直し、後天の無窮たる運命を開いて仙境を立てる。先天は、相克が人間と事物を支配するゆえに、積み重なった世の冤が三界を充溢し、天地はその常度を失い、人世はあらゆる惨災が生じるようになった。ゆえに、私が天地の度数を正して、神明を調和させ、万古の冤を解き、相生の道を以て後天の仙境を開き、造化政府を立てて新たに世界民生を救い出す。(17)

甑山によれば、世界の矛盾はすべて、先天世界の「相克」によって発生する「冤」に起因する。「相克」とは、宇宙の運行秩序の乱れであり、宇宙を主宰する絶対的な権能を持つ者＝甑山の介入によってのみ、その解決は可能になるのだとされる。「相生」の道をもって「冤」を解き（「解冤」）、理想世界としての「後天仙境」を開く――これが甑山の説く「天地公事」という思想の基本的構成である。この思想は、後の普天教においても教義として継承されていく。

「天地公事」の具体的実践法は、甑山が数枚の紙に字と物形を書き、その紙を燃やすというものであった。信徒には、「吽哆吽哆太乙天上元君吽哩哆哪都来吽哩喊哩娑婆訶」という呪文の暗誦が求められたが、この呪文を繰り返すことで「開眼」の神通力を得、病気を治すことができるようになるのだと説かれた。

甑山の後天開闢論の特徴は、東学のような現実的次元における社会変革を止揚し、絶対的な権能者による超越的次元での問題解決を説いた点にあった。(18) よって、甑山の権能が強調されていくにつれ、甑山のもとに集った信徒は、甑山が切り開く後天開闢の到来に強い期待を寄せるようになっていった。

甑山のもとに集った信徒は、零細農民や商人の身分の者が大半で、東学に関与していた者も多かった。そもそも、彼らが甑山を信仰したのも、後天開闢の説法に東学との親和性を見たためであった[19]。要するに、信徒が期待する後天開闢と甑山の宗教観におけるそれとの間には、一定の距離があったのであり、ややもすればこの両者は対立を生じてしまう恐れもあった。しかしながら、奇しくも甑山が突然没したことで、かかる対立が表面化することはなかった。

(二) 競い合う「太乙教」

甑山は一九〇九年、病気によって没した。享年四〇歳。「天地公事」を唱えはじめてから、まだ一〇年にも満たなかった。当然、絶対的な権能者としての甑山を信じた信徒たちにとって、彼の死は大いなる失望にほかならず、その後、信徒の離脱が相次いだ。甑山の葬儀への参加者は、実に一〇人を下回ったという。

消滅の危機に瀕した初期教団は、甑山の死から二年後の一九一一年、その妻であった高判禮の身体に甑山の魂が降臨するという出来事を機に再起を図るも、教権の掌握をめぐる争いが発生、結果的に車京石を中心とする体制へと再編されることとなった[20]。車京石一派による教団、それが後の普天教である。

ところで、甑山生前の頃からの信徒たちは、車京石が主導権を握って以降、教団から離れて独自の分派を形成している。金亨烈の太乙教（後に弥勒仏教に改称）、李栄魯・蔡士允の太乙教本部、張南基の太乙教中央総部、尹弼求の普化太乙教、全祐栄の太乙教中央総部がそれである。これらはいずれも、甑山教団の信徒が暗誦する呪文の冒頭部分の言葉をとって「太乙教」と称したが、世間からは呪文の音に範をとって「フンチ教」と呼ばれる場合もあった。

かくして、甑山の後継を自認する分派同士の間で、信仰継承の正統性をめぐる主導権争いがはじまることとなった。かかる主導権争いが起こったのは一九一九年から二二年にかけてであったが、その時期はちょうど、三一運動を機に植民地統治のあり方が抜本的に変化した「文化統治」期の初期にあたっていた。一見様々な統制が緩和されたかのような状況下にあって、水面下で「秘密布教」を行っていた宗教集団は、「総督府の諒解を得」て、「宗教類似の団体」となることで、植民地統治の可視圏のなかに取り込まれていった。甑山の分派が「太乙教」という看板を前面に掲げて公然と布教活動に取り組んだという一連の事実はまさしく、彼らが従前の「秘密結社」から「宗教類似の団体」へと再編されていったことを意味する。[21]

確かに、「宗教類似の団体」という地位を得ることはできたものの、かかる地位によって保証されたのはあくまでも「当局の諒解」に過ぎず、かつその「諒解」も極めて不安定なものであった。そうしたなか、甑山の分派が講じた手段は、親日勢力や有力人士との関係を構築することで、自らの地位を確固たるものとするというものであった。京城に本拠地を置く分派が、この手段を主に活用していった。[22]

例えば、尹弼求・鄭寅範らの普化太乙教の創立には、男爵・李根澔が関与している。[23]李根澔の弟・根澤は、一九〇五年の韓国保護条約の締結に積極的に加担した所謂「乙巳五賊」の一人で、日韓併合に際しては兄弟揃って子爵の爵位を受けていた。当時、総督府に積極的に協力した一部の人々を除いて、朝鮮貴族の多くはその影響力を失い、また経済的にも没落していた。そうしたなかにあって李根澔は、一九二〇年以降も自らの財産を維持、増産し得る立場にあった[24]。警務局は、李根澔の普化太乙教の創立への関与について、「今後ノ経過推移ニ俟ツニアラサレハ輒ク其ノ真意ヲ補足シ難キモ共ニ自家ノ勢力ヲ扶殖シ何等カノ目的ニ之ヲ利用セムト期セルヤ疑ヲ容レス[25]」というような、訝しげな眼差しを向けている。

張南基の太乙教中央総部の場合、巫女の全国組織であった崇神人組合[26]で幹事を務めた小峯源作[27]を顧問に任命している。小峯は、朝鮮人の教化と善導に献身するという決意のもと、一九一九年九月に東学の分派の統合を目指して済世教研究本部を開いているが[28]、青林教が布教を開始したことで信徒が減少し、結果的に不振に終わっている。一九二〇年四月には、具然澈・黄宗河らとともに甑山系分派を統合すべく済化教を組織したが、これも目立った成果をあげることなく終わった。後に合流した張南基の太乙教中央総部も、やはり思うような成果をあげていない。最後に成った崇神人組合では、大垣丈夫の支援により一定の成功をおさめたようである[29]。

このように、京城を中心として布教を開始した分派が独自の「宗教類似の団体」化を模索するなか、金亨烈の太乙教は、「公認宗教」の傘下に入る道を選んだ。金亨烈は、慶尚北道安東市にあった威凰寺の住持・郭法鏡[30]と論議し、表面上は威凰寺の信徒となった。しかしその裏でひそかに、独自の布教活動を展開しても良いこと、代わりに財政的な支援を行うことを条件に[31]、合同をなし遂げている。一九一九年一〇月に、「国権恢復」の嫌疑をかけられ、金亨烈と郭法鏡は当局により逮捕されるも、一九二〇年三月には幸い不起訴処分となった[32]。金亨烈と郭法鏡の関係は、逮捕後もしばらく続いたようである。一九二一年には、郭法鏡の主導によって総督府からさらなる認可を得て、仏教の振興と拡大を掲げる仏教振興会[33]が発足、同年七月二日に開かれた臨時総会において金亭烈は会長に選抜されている[34]。

同年一〇月一九日に金山寺で開かれた上法会には総督府の関係者も出席していたが、そこで郭法鏡は次のような説明を行っている。すなわち、「近年以来官憲の耳目を忌避して暗然裡各地で布教が盛行し」「数万の民衆」を獲得した太乙教は、実のところ信仰の本体が「金山寺弥勒の敬信」であって、仏教と同一である。そこで、「官憲の注目を受けて布教の自由を得な」かったため「仏教に帰依」し、堂々と布教するために威凰寺と合同したのだ、と[35]。この上法会に総督府関係者が出席していた点、そして総督府の機関紙『毎日申報』にも相当の紙幅を割く形で事の経緯が説明されている点に注目しておきたい。

そもそも、金亭烈率いる太乙教が「金山寺弥勒」を信仰対象としたのは、甑山が修行し大道を悟った場所が金山寺であり、また甑山が生前に「金山寺三層殿の金弥勒に降臨すること」という言葉を残したことと関わりがある。金亭烈の太乙教が信仰の対象としたのは無論、甑山である。このことは当然、郭法鏡も熟知していた。それでもあえて郭法鏡が合同に応じたのは、太乙教の資金と信徒獲得を狙っていたからにほかなるまい。そして、このような一連の事情は総督府側によっても把握されていた可能性が高い。にもかかわらず、仏教振興会は発足した。

しかしながら、結局のところ、かかる活動は順調には展開しなかったらしい。『毎日申報』の仏教振興会関連記事は、一九二二年五月二七日の集会の知らせを最後に、完全に途絶えてしまっている。

このことは、総督府の「類似宗教」という〈懐柔〉対策が内包した限界を、よく示しているのではないだろうか。

（三）「普天教」の誕生

上述の通り、甑山の死後に生起した分派のなかで頭角をあらわしたのは、依然として秘密布教を続けていた車京石一派であった。同派の躍進は、甲子の年（一九二四年に該当する）に、教主が天子に登極するという「甲子登極説」に拠るところが大きかった。同派の幹部は、布教にあたって民間の予言書「鄭鑑録」などを利用して教主・車京石の非凡を強調するとともに、彼がいずれは天子となって朝鮮を独立させるということを宣伝していた。「甲子登極説」は三一運動以降、朝鮮の独立を願望する民衆の期待が高揚したことと相まって、急速に巷間に広まり、そのことが車京石一派の教勢伸長を後押ししていた。一九一〇年代初頭に作成された憲兵警察の民間情報調書『酒幕談叢』[36]には、車京石を意味する「車天子」が「随従スル者千余名」を集めたという風聞が記載されており、車京石一派がこの頃すでに民衆の間で影響力を発揮していたと見ることができる。

さて、「甲子登極説」が車京石一派の教勢伸長に決定的な役割を果たしたことは上述の通りだが、一方で同説は、車京石一派と競合関係にあったほかの教派が車京石一派を攻撃する際にも、しばしば利用されていた[37]。ここには、車京石一派に独立運動の嫌疑を被せることで、当局に対して自らの潔白を証明すると同時に、当局からの信任を得てより自由な布教活動を展開しようとする意図があったと考えられる。金亨烈の太乙教が、仏教に帰依しても依然として弾圧を完全には免れなかったという事例は、「宗教類似の団体」が「公認宗教」に編入されてもなお、「秘密結社」との線引きを公に表明しない以上は、いつでも「宗教類似の団体」から「秘密結社」に転落してしまう恐れがあるということをも意味していた。言い換えれば、「秘密結社」と自教との間に明確な一線を画し、親日勢力と協力することこそが「宗教類似の団体」としての地位を確固たるものとする、最も有効な方法だったのである。

しかし、「宗教類似の団体」が「秘密結社」と完全に袂を分かってしまうと、今度はその勢力基盤である民衆からの支持を得ることの困難に直面してしまう。実際、車京石一派とは対照的に、「宗教類似の団体」となった教派の大半が教勢の伸長を見なかったことは、その証左と捉え得る。親日勢力側にとっても、信徒も資金もない弱小の「宗教類似の団体」と関係を続けていくメリットはなく、したがって両者の関係性は必然的に一時的なものとならざるを得ず、いずれは簡単に解消されてしまう運命にあった。

一方で、教勢を伸張しつつあった車京石一派に対する当局の警戒は、日に日に厳しいものとなりつつあった。独立運動の資金源を断ち切ることによって抗日運動に対処せんとした警察側は、普天教幹部の資金募集活動を上海臨時政府への支援金と結びつけて把握していた。そのため、普天教に対する監視は必然的に強化され、教徒が逮捕されることとなった。一九一七年には、教主・車京石が「甲種要視察人」に指定されている[38]。こうした弾圧は、一九二〇年から二二年春まで続いた。ただ、その一方で一九二一年八月には、逮捕中の幹部・李祥昊に対し、京畿道警察部の藤本高等課長が教団の公開化を、つまりは「宗教類似の団体」として公然と布教を行うべきことを促すという出来事が起こった。

これを受けて教団内で話し合いの場が持たれた結果、一九二二年二月には京城府昌信洞に「普天教真正院」という事務所が置かれることとなった。すなわち、普天教という教名を宣布したわけであり、ここに「類似宗教」としての普天教が誕生した。

二　一九二〇年代の普天教の活動

教団を公開した普天教は、教団の近代化を進めていった。その役割を一任された人物こそ、新学問の影響を受け、近代的な知識を持っていた李祥昊・成英兄弟であった(39)。彼ら主導のもと、教団内外の再編が行われていった。まず、一九二三年に印刷所（普光社）が設立され、機関誌（『普光』）が発行されることとなった。次に、全国の道には真正院が、郡には正教部がそれぞれ設置されることで地方組織の整備が図られると同時に、教務を執行する中央機構として総正院が設置された。そして、一九二三年には民族主義者が展開した物産奨励運動にも積極的に参加することで、朝鮮社会への進出を試みていった。以下、そうした一九二〇年代における普天教の活動について、見ていきたい。

(一)『時代日報』の買収

三一運動後に赴任した斎藤実総督が打ち出した「文化統治」は、朝鮮人による言論結社を容認するとともに、ハングルでの新聞の発刊を認めた。これによって、一九二〇年には『東亜日報』と『朝鮮日報』が、一九二四年には『時代日報』が当局の許可を得てそれぞれ創刊され、これらの新聞社が朝鮮社会における世論形成の役割を果たしていくことになった。もっとも、これらの新聞社は決して順風満帆だったわけではない。というのも、これらの新聞社は同時に、当局による記事の検閲と新聞の押収、頒布の禁止といった処置を日常的に受けていたこともあって、慢性的な経営難に直面していたからである。それは、『時代日報』の場合も例外ではない。前身の週刊誌『東明』時代より抱えていた借金問題は依然として解消されず、さらには『時代日報』の創刊と時期を同じくして創立された株式会社の出資金も集められなかったため、創刊直後から財政難に陥っていた。そうしたなか、かねてより李祥昊・成英兄弟と交流があった『時代日報』関係者の徐相灝・李得年の仲介で、普天教が『時代日報』の買収に乗り出す。結果的に、普天教側では李祥昊・成英兄弟が交渉を担当し、一九二四年六月二日に両者の間で次のような契約が交わされている(40)。

金洪圭、徐相灝、文正三、李得年、李祥昊、李達濠、李源永の右七人を甲とし、崔南善、秦學文の右二人を乙とし、左記契約の条項を締結す。

一 乙が朝鮮総督府の認可を得た時代日報の編集兼発行人権を甲に譲渡し、甲は此れを譲受すること

一 甲等は右の権利を譲受すると同時に、乙が前年度に経営した同時代日報の前身東明社の責務を保障するために金一万円を乙に支払すること

一 編集兼発行権の名義移転に対し、乙は本契約の締結と同時に名義移転書類を作成し、本認可証と並んで甲に提供すること

一　甲等は必要を認める時は名義移転の書類を当局に提出するを得
一　乙は事故なしに乙の現在地位を抛棄し、又は臨義に退社することを不得
一　本契約の締結日より時代日報社経営に対する経費一切は甲が負担し、乙は多方面財団を入社させる権利が無いことを承諾すること

この契約書によれば、普天教側は時代日報社の借金を肩代わりし、その代わりに総督府の認可を得た『時代日報』の編集兼発行人権（以前は、崔南善・秦學文・徐相灝・閔炳德の四名の共同所有だった）が普天教側に譲渡されることが決定されたようである。と同時に、名義移転の権利も普天教側が持つこととなった。

こうしたなか、崔南善・秦學文らが独自に別の第三者と二重に契約を結び、それに普天教側が反発したことによって、普天教と時代日報社との間の契約締結の事実が広く知れわたることとなった。時代日報社は、「民衆的一大表現機関」になることを自らの目標とする「公器」を特定の宗門が所有することに反対する社説を掲載、自身の立場を表明するとともに、[41]社友会が契約の無効化を要求した。社説では、普天教の『時代日報』買収を拒絶する理由として、普天教の宗教的価値や、民衆に対する信望とは無関係である点があげられた。また、朝鮮の社会主義者たちが時代日報真相調査会を結成したことで普天教批判が展開され、さらにその流れのなかから普天教声討会が組織されるにまで至った。同会は、次のような決議文を発表している。[42]

一　普天教の本体と其の罪相を全国的に調査し、根本的に撲滅すること
二　普天教および『時代日報』事件に関連した悪分子を調査し、社会的に葬り去ること
三　普天教を根本的に撲滅するまでに、常設執行機関を置くこと

社会主義者たちはなぜここまで厳しく普天教を批判し、そして挙句の果てには普天教の「撲滅」までをも主張したのだろうか。そこには、普天教を純粋な農民を眩惑する邪教集団と見なし、農民を階級的かつ民族的に覚醒させるためには普天教を民衆から分離させねばならないという認識があった(43)。普天教の存続そのものを否定する社会主義者たちの態度は、「秘密結社」を弾圧する当局の姿勢とも相通じる面があったと考えることができよう。

普天教による『時代日報』買収は、従前より交流のあった内地の「宗教類似団体」大本による『大正日日新聞』買収に倣ったものだと考えられる。宗教が機関紙などの印刷メディアを発行して自らの布教手段とするのは、確かに近代宗教教団によく見られる、ごく一般的な布教戦略ではある。とはいえ、大本のように、既存の日刊紙を買収するというのは極めて例外的なケースであった。

一九一八年から機関誌『神霊界』や『大本時報』などの新聞を発行して印刷メディアによる布教に取り組んでいた大本は、一九二〇年八月には日刊紙『大正日日新聞』を買収する。『大正日日新聞』は、一九一八年に起きた筆禍事件（「白虹事件」(44)）の余波で朝日新聞社を退社した人々が発刊した日刊紙であるが、経営難のためにわずか八カ月で廃刊の危機に直面していた。それを大本が五〇万円で買い取ったわけである。一九二〇年九月二五日には、復刊第一号が発行されている。

無論、かかる買収の目的は、大本が自らの主義主張を広く周知させるという点にあった[45]。大本の幹部として新たに大正日日新聞社の社長に就いた浅野和三郎は、「再刊の弁」において、新生『大正日日新聞』の「十大特色」をあげている[46]。そこには、「一政党一宗派の機関にあらず、専ら天地の大道に基きて世界人類指導に任」じるとして、一方では自らを客観的かつ普遍的な、あくまでも公平な立場の言論であるとしながらも、他方で「行詰れる現代思想界を指導開発」することや、「宇宙の神機を漏らし、世界人類に一大警告を与える」といったような、大本の教理に即した現状認識および世論誘導の思惑が介在していた。

大本と旧大正日日新聞社とが共同する形で誕生した新生『大正日日新聞』は、内部対立を抱え込んではいたものの、他方で一九二一年の第一次大本事件に際しては、大本擁護の立場を一貫して表明し、大本に友好的な世論形成に必死で取り組んでいた[47]。財政難で一時は廃刊の危機に瀕していた旧大正日日新聞社にとって、大本の危機はとりもなおさず自社の危機でもあったからである。当時の『大正日日新聞』に、大本に向けられた他社の記事に対する反駁文や、事件後に行われた公判関係の記事が頻繁に載せられたことの背景には、このような旧大正日日新聞社側の危機感もあった。

以上のような大本の事例に鑑みた場合、普天教による『時代日報』買収の目的はどこにあったと考えることができるだろうか。大本が発行した『大正日日新聞』は、公的媒体という元来の性格とあわせて、積極的な自教宣伝を可能にする「宗教新聞」という性格をも色濃く帯びていた。一方、普天教の『時代日報』買収の過程で問題視されたのは「公器」の「私有物化」であった。そのため、大本のような「宗教新聞化」はもとより不可能であった。実際、普天教側も、従前からの『時代日報』の社員を留任させるとともに、欠員が生じた場合は教内からではなく「それに相当する人」をもって充てるという方針を示し、(48)『時代日報』の制作と内容には直接関与しないことを表明していた。このような表明は、普天教の『時代日報』買収が朝鮮社会に大きな波紋を投げかけるなか、当初の計画とは別に、そうした朝鮮社会での波紋をできるだけ沈静化しようとするためのものであったと考えられる。いずれにしても、普天教は大本に倣って新聞の買収を行ったものの、大本とは異なり、自教宣伝の媒体としてそれを積極的に利用するまでには至らなかった。そこに、同じ「類似宗教」でありながらも、内地の大本と植民地の普天教との間の決定的相違があったといえるのかもしれない。

(二) 時局大同団の結成

『時代日報』事件は、普天教に対する朝鮮社会でのイメージをより一層悪化させた。普天教内部においても、『時代日報』買収による世間でのイメージ悪化の責任が問われた。それにより、この買収に関与していた新派勢力と旧派との間に対立が生じ、教団の近代化を指揮した新派勢力は普天教革新運動を展開するに至る。(49)しかしながら、かかる運動は奏功することなく、事態は教団内での支持基盤が脆弱であった新派勢力の普天教からの離脱という形で決着することとなった。

その後の普天教は、挽回に奔走する。普天教が打ち出した挽回策とは、当局への歩み寄りであった。具体的には、普天教は親日団体の各派有志連盟との連帯を行うことで、彼らを媒介とした当局への歩み寄りを企図した。各派有志連盟とは、日本が朝鮮統治の方針とした内地延長主義を積極的に受容するとともに、朝鮮人の「帝国臣民」としての参政権を要求する参政権運動を主導した、国民協会により結成された団体である。しかしこの頃、各派有志連盟は、当該期の植民地朝鮮における二大運動潮流であった民族主義運動と社会主義運動の双方から厳しい批判に晒され、活動を維持することが困難となっていた。そこで、こうした事情から、普天教側は各派有志連盟が構築した人的ネットワークを、連盟側は普天教の民衆動員力と資金力をそれぞれ求める形で、両者の連帯が成立したのである。

普天教幹部の林敬鎬・文正三と各派有志連盟の表蔡基はともに、一九二四年一〇月に東京へ向かい、そこで日本の政財界の人々をターゲットとするロビー活動を展開している。その際に対面した人物のなかには、総督府政務総監の下岡忠治や、内閣総理大臣の加藤高明もいた。また一一月三日には、憲政会と会合を持っている。そこで各派有志連盟が憲政会に嘆願したのは、朝鮮における社会主義の盛行を抑制するために掲げていた「官民一致施政改善」「大同団結思想善導」「労資協助生活安定」という三大綱領の実現と、参政権運動とに対する援助であった[50]。加えて、天長節祝日の式典に参加し、三万円の寄付も行っている[51]。

この一連のロビー活動の後、下岡忠治は、宗教団体の普天教を直ちに援助することは難しいため、別の組織を立ち上げて援助することを提言するに至っている。これを受けて、普天教と各派有志連盟とが合同する形で一九二五年一月八日に結成されたのが、時局大同団である[52]。

時局大同団結成の趣旨文には、内・鮮それぞれの間に生じている誤解を一掃し、「形式的融和」を越えて「精神的結合」を成し遂げること、「東洋固有ノ道徳精神」を涵養して「国民品位ノ向上」を達成し、「汎人類社会ノ平和」を保つことが掲げられた。併せて、「内鮮人ノ精神的結合ヲ鞏固ニスルコト」「大同団結シ文化ノ向上ヲ期スルコト」の二大綱領も発表された[53]。

しかしながら、時局大同団の結成に対する総督府の反応は、概して曖昧模糊としたものであった。そもそも、各派有志連盟は確かに親日団体ではあったものの、総督府との間には距離があった。総督府は、参政権運動を自らの統治に対する挑戦であると捉えて、これに否定的な態度をとっていた[54]。上記の東京行きも、朝鮮社会での批判と総督府からの牽制をかけられた連盟が、内地の政治勢力に接近することでかかる難局を突破せんと目論んだがゆえの行動であった[55]。これら一連の事柄は、時局大同団に対する総督府の評価にも必然的に影響を及ぼした。確かに、総督府の機関紙『毎日申報』では、時局大同団の結成が高く評価され宣伝されてはいた。しかしその一方で当局は、内鮮融和の標榜は表面的なものに過ぎず、実際には普天教を宣伝するものにほかならないとする、冷淡な認識を有していた[56]。

時局大同団の主な活動は大衆に向けた講演であり、それは主に地方の普天教布教機関において普天教徒たちが執り行う形で実施された。講演内容の大半は、日鮮融和と参政権運動に関するものであった。だが、この頃すでに時局大同団の結成に対する批判も多く、そのため講演の場で、時局大同団に反対する勢力と普天教徒たちとの間で物理的な衝突が起こることも、しばしばであった。普天教側としては、世間の誤解を払拭して、普天教の対外的な評価を一新することが目的であったが、むしろ「親日」のレッテルが貼られてしまったのである。

朝鮮社会での厳しい批判に晒されたことで、時局大同団は再び、代表者一一人を日本に派遣してロビー活動を行うこととなった。彼らは約一カ月間日本に滞在するなかで、丸山鶴吉前警務局長、山口政二代議士をはじめ、新聞各社との会合を持った。これには、莫大な費用を要した。二万五〇〇〇円あった所持金はたちまち無くなり、途中、普天教側から一万円を追加送金してもらっている。しかし、それでも状況は改善することはなかった。結果的に六月三〇日には、時局大同団は公式に解散している。

(三) 大本との交流

時局大同団の結成には、当時普天教が交流を持っていた大本も関わっていた。

> 大正十一年秋、朝鮮慶尚《ママ》南道、井邑郡に本部を有する普天教の使者金勝玟[57]氏の参綾以来、大本よりも松村真澄氏、安藤唯夫氏を先方に派遣され、後再三金氏使者として大本に来り已に提携成立してゐる所であるが、今回全鮮の普天教徒六百万人を網羅し、東亜平和の趣旨の下に同教幹部が主となり時局大同団が組織され、日鮮融和の為大々的活動を始める事になり、従来の沈黙を破り全鮮に向かひ、大宣伝を為す事になった由である[58]。

上記によれば、普天教と大本との交流は時局大同団の結成以前からすでにはじまっていた。普天教が大本の展開した人類愛善運動に関与していたことや[59]、一九二五年二月の道院・紅卍字会[60]と大本との合同[61]により誕生した神戸道院の開設一周年記念会に普天教の金勝玟が参加していたことは、大同団の結成が大本との交流と関係していたことを示唆する。神戸道院開設一周年記念会には、呉功補（神戸華教同文学校長）、井上留五郎（大本副総裁）、伊井喜子治（天理教徒）、マホメット・クモン事公文直太朗（回教徒）、西田義芳（真言密教）、畠山水心（鉄眼協会、禅学）などの様々な勢力に属する人物が参加していた。金勝玫も、「日本及び支那、日本及び朝鮮の結合の必要性を論じそれには物質文明に凝り固まつてゐる西洋文明では駄目である。純真な宗教心に依らなければ不可ぬ。精神的要素の缺乏した西洋文明の伝播を吾々は駆逐してお互に結合せなければならぬ」という趣旨の講演を行った(62)。

当時の大本は「人類愛善」「万教同根」を掲げて、様々な宗教や社会団体との連帯を推進していた。その様相は、「最近極度の太っ腹を張らかして赤でも黒でも玉でも石でも悉く呑下するといふ積極方針」で、実際「水平社とも手を握る、黒龍会とも提携する、社会主義御座れ、労働連盟御座れ、反動思想大に可なり、左傾運動大に可なり」というように、幅広い勢力を網羅するものであった(63)。

このような大本の動きの背景には、後の蒙古入りにつながる「東亜連盟」の構想があった。出口王仁三郎は、一九二三年末から極秘裏に蒙古入りの準備をし、一九二四年二月一三日、責付出獄中であったにもかかわらず蒙古入りを断行する。王仁三郎の建国論は、一九二〇年に展開された末永節の「大高麗国」建国の構想を継承しつつも(64)、東亜および世界の精神的な統一を図るという宗教的理想と、当時の日本が抱えていた対外的・国内的な諸問題（具体的には人口・食糧・資源問題および国防、在満の「不逞鮮人」問題など）を解決するための新植民地開発とを結びつけた、政治的計算の上に成ったものであった(65)。この構想の宗教的同伴者としてあげられたのが普天教と道院であり、これら三者間の連帯が模索されていたのである。

出口王仁三郎の宗教国家建設は「天地救済の聖業」であり、「神界より此地上に下し玉へる十二柱の救世主を集め、地上に霊主体従的の国都を建設し、此常暗の現世をして、太古の黄金時代に復帰せしむる御神業」であった[66]。その役割を果たせるのは、「現界を厭離穢土となし、未来の天国や極楽浄土を希求し」「宗教の発展どころか、現状維持に汲々たる」既成宗教ではなく、「旧慣に囚はれざる」新宗教であるとされていた[67]。なかでも、一種の「神秘主義」や「心霊主義」とでもいい得るような教義・儀礼を有する霊的なものが選ばれ、その具体的宗教名も明示されていた。

> 古来宗教と云へば、何れも其源は神仏であり、教は凡て天啓であつた。そして等しく霊界の消息を、ある程度伝達され、純な愛によりて、地上の平和なる社会を作ることを目的とし、死後魂の幸福を本願とせられた。然し末法の世になつては不信の徒に堕し、人は己れを以て神と為し、利己主義となり、社会は修羅場と化した。そして宗教は多く論語読みの論語知らずとなり、霊界を無視し、無縁の衆生となつて了つた。然し天地は甦つた。欧米にバハイ教、支那に道院、朝鮮に普天教、米国にK運動、エスペラント運動等多数の団体が宇宙太元の天啓に甦つた。又、既成宗教も各祖師に甦らんとして頑強な堕落した因習の殻を壊しつゝある。甦つた人は幸福と歓喜に勇んである[68]。

こうした霊的な要素を多分に有する宗教は通常、その特性ゆえに非合理的かつ前近代的なものと見なされ、批判の的となる場合が多かった。普天教の場合もそうであったが、しかし逆に「是等の新興宗教は皆包容的で一切の宗教を包容せんとする度量と精神と意気とを有して居た[69]」ことは、国境を越えた横軸の連帯を通して国内の批判に対抗できるものと考えられていた。

このような新宗教間の連帯による宗教国家の建設という構想は、普天教側に対しては教勢発展の原動力であった「甲子登極説」を新たに解釈し得る可能性を提供することとなった。一九二四年前後には、普天教のなかで、教主・車京石の登極による新たな世の到来を待ち望む信徒たちの期待が高揚していた。朝鮮社会からの普天教攻撃が連日続くなか、当局からも援助を受けることのできなかった普天教にとって、「甲子登極説」の実現は唯一の拠り所であった民衆からの支持とも直結していた。

こうした信徒たちの期待高揚にどう対処すべきかという点をめぐり、普天教幹部たちの間では協議がなされた。そこでは、「前言〔引用者註：甲子登極説を指す〕ノ践行ヲ期スト称シ独立運動ヲ試」みるか、それとも「延期ノ策トシテ満州方面ニ車京錫以下出動シ一大布教ヲ試ミ以テ期待ノ実現ナリト弁明」するか、というような案が示されたが、前者は天道教による三一運動のような規模でなければ実現不可能であること、後者は費用がかかり過ぎることが問題となって、それぞれ却下されている(70)。一方、李祥昊ら新派勢力は、一般教徒に向けて普天教の「甲子年云」は「真説ニ非」ず、「五万年后ノ享楽説」であることを示して、「教徒へ密教ノ暗ヨリ光明ニ出デタルコトヲ喜ビ正道ヲ進ムニ在リト宣伝」するといった案を提示した。李祥昊の案は、教内の「旧習ヲ尚ブ所謂迷信ノ士」からの反対があったものの、採択された。しかし、上述の『時代日報』事件によって新派が大挙して離脱したことにより、その計画も結局は白紙となってしまった。このような状況下に置かれていた普天教にとって、大本の提示する宗教国家論は、自らの説く「甲子登極説」の実現とも符合し得る、魅力的なものであった。

ところで、出口王仁三郎の蒙古入りには、盧占魁・張作霖などの地方軍閥、興亜主義者、日本陸軍といった諸勢力との協力関係が複雑に絡み合っていった。結局は、蒙古の独立問題をめぐって張作霖と意見が分かれ、張作霖によって盧占魁が処刑されるも、出口王仁三郎は処刑直前にかろうじて救助された。これにより同年六月には王仁三郎は帰国を余儀なくされ、蒙古入りが成し遂げられることはなかったが、それでも普天教と大本と道院・紅卍字会との関係は依然として続いている。

その背景には、合同と交流によって得られる現実的な利害関係があった。道院・紅卍字会と大本の合同は、大本側には道院の宣伝師資格を取得することによる中国および満蒙布教の自由というメリットがあり、また道院側には日本の中国侵出という情勢下にあっても既存の権益を維持し得るというメリットがあった(71)。そして普天教側には、大本との交流を通じて日本内地の人脈を確保することによって、国内での総督府による弾圧を緩和しようとする目論見があったようである。

午後一一時、小幡虎太郎氏は朝鮮普天教本部の幹部たる袁若済、田炳悳、李在元の諸氏を伴い、当支部に吾一行を迎え挨拶を為し行く。将来大本教、紅卍字会、普天教と三教合同して、東亜のために尽さんが為なり。又小幡氏は、朝鮮総督府の誤解を正さんため、普天教のため、頭山満、内田良平氏の信書を持ち渡鮮したる人なり。車京石教主は官憲に圧えられ、訪問するを得ず、止むを得ず代理として右三氏を出釜せしめたるものなり(72)。

上記に出ている小幡虎太郎とは黒龍会の一員であるが、この記事からも、朝鮮総督府による圧迫とその解決を求める普天教側の姿勢を確認することができる。このように、大本を訪問した普天教幹部は、朝鮮総督府に「誤解」される苦労を吐露することが多かった[73]。

一方、大本側は、普天教の資金力および民衆に対する影響力を活用しようとした。一九二五年四月一五日に発足した人類愛善会満鮮分会は、朝鮮の宗教界について概観する「朝鮮の信仰[74]」という記事のなかで、普天教が当時の植民地朝鮮において最大の信者を保有しており、その数字はキリスト教をはじめ朝鮮と日本の仏教を合わせた数よりも多いと強調している。また、現に約二〇〇万人の信者を持つキリスト教も、朝鮮各地で展開された「基督教排斥運動（米人排斥）」のためにその影響力を喪失しており、それに代わって新しく浮上してきたのが普天教なのだと述べている。この統計の信憑性はひとまず措くにしても、このような記事の存在は、大本が普天教をどのように捉えていたのかを端的に示している。とはいえ、相次ぐ官憲からの弾圧によって普天教が萎縮していくなかにあって、両者の交流が具体的にどのように展開したのかを知ることは、史料上の制約もあって残念ながら難しい。

ところで、一九三〇年代中頃に入ると、大本は植民地朝鮮に、道院・紅卍字会朝鮮主院と人類愛善会朝鮮本部を発足させている。以下、そのことにつき節を改めて見ていく。

三　強制解散とその前後

(一) 人類愛善会朝鮮本部と道院朝鮮主院の設立

一九三四年一二月、李海天主導のもと人類愛善会朝鮮本部が発足する[75]。李海天はもともと独立運動に参加していたが、途中から変節し、一九三六年から三七年には関東軍情報課のもとで、朝鮮人との交流を通じたソ連情報の収集、および独立運動家に対する懐柔策を展開するようになった人物である。[76]この李海天は、内田良平の仲介で大本と関係を持つようになり、「惟神の大道と愛善の大義によってのみ真の日鮮合邦、心の融和が期し得らるべきこと」という考えに基づいて、大本の活動に加わるようになったとされている。[77]人類愛善会朝鮮本部は、まさにそうした活動の所産であった。

人類愛善会朝鮮本部の発足は、一九三四年一一月二九日に開かれた日韓合邦記念塔除幕式の時期から準備されていた。[78]日韓合邦記念塔とは、日韓併合二五周年を記念して明治天皇の功徳を鑽仰するとともに、日韓併合に関与した「朝野有志の奉公の事蹟」を記念するために、頭山満・杉山茂丸・内田良平らが発起人となって建立されたものである。この塔の石室には、李容九や宋秉畯など、日韓併合に関与したために朝鮮社会から厳しい批判に晒された人物の名前を銅板に刻んだものも収められ、それによって彼らを慰霊することが企図された。したがって除幕式には、併合に関与した「功労者」の遺族も多数参加しており、そのなかには一進会の李容九の子孫で侍天教代表でもあった李顯奎の姿もあった。[79]また李海天は、併合賛成有志代表としてここに参加した。そして除幕式の後、李顯奎・李海天らは人類愛善会東京支部において打ち合わせを行い、それによって人類愛善会朝鮮本部の発足が決定したのである。

発足にあたり、李海天は朝鮮の各宗教にも積極的な参加を呼びかけていた。その結果、上帝教から一六五六人、侍天教から一〇四九人、儒教から三〇三人、天理教から三九人、キリスト教から八九人、仏教から七四人、檀君教から六七人、朝鮮耶蘇教から五九人、天道教から一二人、その他の宗教団体から二二七二人が参加し、実に計五六二〇人にものぼる参加者を集めることができた。[80]とりわけ、上帝教と侍天教が参加したことには、当時、侍天教系列分派の合同を推進していた李顯奎の果たした役割が大きかった。

一二月一六日、京城公会堂で開かれた発足式典には、大本からは出口日出麿総裁補と高木鉄男が参加し、内田良平と頭山満が祝辞を寄せている。また、上帝教の金演局、侍天教の柳志憲、檀君教の鄭薫謨からの祝辞も寄せられた[81]。人類愛善会朝鮮本部は京城府敦義洞の李海天方に置かれ、事務所には神殿が設けられた。その神殿の中央には大本皇大神が奉斎され、左右には檀君と東学党の崔済愚の写真が配されて、さらにその側には大本式で李家の祖霊が祀られた。

一方で、朝鮮の子爵・尹徳英の庇護を受け、一九三五年には道院・紅卍字会の朝鮮主院も結成されており、四月一四日から一七日にかけて設立式が開かれている[82]。また、五月一七日の開幕式には、京城帝国大学の赤松智城・秋葉隆も参加していた[83]。かかる設立経緯は以下の通りである。

かねて道院の教義に興味を持ち之が研究をなしつつあつた子爵尹徳榮氏及其の周囲の人々と之が開設に努力をなしつゝあつたが、本年初め満州国安東省大東溝道院に於て開砂の際尹子爵の女婿金洄臨〔引用者註：金徳顯のことで、洄臨は道院の道名である〕氏が来りて神示を乞ふた所神許の神示により、日本人なる篁白陽氏[84]は数回京城を往復し斡旋に努め朝鮮にては尹子爵が熱心に勧誘奔走した結果朴、閔氏等の華族の同志の賛成を得、其他内鮮名士の賛同を得て修方を集めて今回の運びに至つたのである[85]。

設立式の内容を記した『朝鮮主院開幕壇訓』の巻末には、約二〇〇名にも及ぶ「朝鮮主院職方一覧」が収録されている。それに目を通してみると、道院の李智真・王筱東、大本の林出賢次郎が「道慈統監」に、尹徳英が「統掌」に、そして若林不比等が「首席責任統掌兼交際統監」にそれぞれ就いており、また大本・済愚教・檀君教・侍天教・人道教[86]、さらには儒林・漢方医などの参加もあったことがわかる。ただ、最も多かったのは尹徳英の家族やその周辺の人々であり、当局は「会員中朝鮮人は尹の強要により入信した尹の小作人等が多く、何等の信念なく」参加している者が多いと見ていた[87]。主な活動内容は、もともと道院の社会活動としてよく行われていた貧民救済であった。一〇カ所の分所があったようである。しかし、一九三八年を機に、「尹の事業への興味が低下し、対外的信用も没落」したがゆえに、道院の活動も停止を余儀なくされることとなった。

前述した二つの団体・組織に、普天教が関与した表面上の痕跡はない。しかしながら、普天教の解散に際しては、最後まで大本との水面下におけるやり取りがあったようである。最後に、以下でそれに関して見ていこう。

(二) 普天教の解散

一九三五年一二月一〇日、第二次大本事件が発生し、不敬罪・治安維持法に違反した容疑で幹部三〇人が検挙された。この事件は、治安維持法が宗教団体に適用された最初の事例でもあった。この事件に応じる形で、朝鮮総督府でも四月上旬に各道高等警察課長による会合が開かれ、その結果以下の方針が決定されている[88]。

一　大本関係諸団体ニ対シ、結社ノ解散ヲ命スルコト
二　其ノ神社ニ紛ハシキ奉斎施設ハ大体左記ニ依リ撤廃セシメ各教徒ノ家庭ニ於ケル礼拝対象物、大本発行出版物類ノ如キモ任意提供セシメ燃却スルコト
1　当初ヨリ大本教布教ノ為衆人ヲ参拝セシムル目的ヲ以テ建設シタル建物ハ之ヲ破却セシムルコト
2　既設ノ建物ヲ改造シテ衆人参拝ノ設備ニ利用セルモノハ之ヲ原形ニ復セシムルコト
3　既設ノ建物ヲ衆人参拝ノ設備ニ利用セルモノニシテ建物ノ改造等ヲ為サス単ニ神壇等ノ設ケアルモノハ右神壇ヲ撤去セシムルニ止ムルコト
4　所有者乃至管理者ヲ懇諭シ成ルヘク任意ニ撤去セシムルコト
5　右ノ方法ニ依リ難キ場合ハ神社寺院規則第二十条ノ規定ニ基キ撤廃方ヲ下命シ併セテ行政執行令第五条ノ規定ニ依ル戒告ヲ加ヘ尚履行セサルトキハ代執行ノ手続ヲ採ルコト
6　大体四月中ニ撤廃ヲ完了セシムルコト
7　既ニ任意解散シタル団体ノ責任者並ニ礼拝対象物ヲ任意処分シタル個人等ニ対シテモ此ノ結社禁止ノ内容ヲ伝達シ且書籍物件類ノ処分ニ付遺漏ナカラシムルヤウ取計フコト

この方針により、大本布教機関（二一カ所）をはじめ、外郭団体の昭和青年会支部（九カ所）、昭和坤生会支部（六カ所）、人類愛善会支部（七カ所）、短歌会の明光社鶏林支部（一カ所）が廃止された。この処分に対しては、一、二名の信者が不満を漏らしたこと以外には大きな反発はなかったようであ

り、総督府の方策は「多少大本信仰ニ未練ヲ有スル」者に対して「懇切ニ啓蒙」していくというもののみであった。

大本は、一九三五年七月の時点で全国に三二の支部・分所を置き（表1）、約一〇〇〇人の信徒・支持者を得ていた（図1）。

大本の弾圧は朝鮮においても大々的に報道されたが、事件直後の一二月一九日には、「警務局が全北警察部を指揮して普天教を徹底的に掃討する方針を研究協議中」という記事が掲載されている[89]。このように、普天教の解散が既定路線となっていくなか、当局からの弾圧はますます苛烈化していった。一九三六年四月以降は、集会と布教が一切禁止され、また義捐金の募集も禁止された。さらには、同年に入り体調を崩した教主・車京石もついに没し、五月八日に葬儀が執り行われた。総督府警務局はじめ全州警察部・井邑警察署から派遣された警官約五〇人が厳重に監視するなかで、この葬儀の参列者は数千人に達した。

教主の没後、当局の弾圧には一層拍車がかかった。六月一〇日には、泉川井邑署長を筆頭に井邑警察署員と高等課員の約一〇〇人が、普天教本部の家宅捜査を行った。午前六時からはじまった捜査は午後三時まで続けられ、警察は自分たちが乗ってきたトラックに押収物を満載にして持ち帰ったという。一方、李柄喆修好司長、袁若済経理部長、権相道平北正理は七月四日に総督府を訪問し、保安課の磯崎広行に対して取締りの緩和と普天教更生を陳情したが、「迷信邪教排斥の立場よりその非違を是正したもので何等緩和等の手心を加へる場合ではない[90]」と一蹴された。七月八日には、教団本所の「十一殿」と教堂の管理権を警察に移譲すべきことが要求され、普天教側の拒否にもかかわらず、同

表1　皇道大本朝鮮主会の設立状況

朝鮮東部連合会（5支部）	釜山支部（10）、亀浦支部（2）、長生浦支部（2）、金海支部（1）、大田支部（1）
朝鮮中部連合会（8支部・分所）	京城分所（18）、龍山支部（9）、京城桜井支部（1）、京城東大門支部（1）、京城南大門支部（1）、永登浦支部（1）、春川支部（4）、原州支部（2）
朝鮮北部連合会（6支部）	新北青支部（2）、城津支部（2）、会清津支部（3）、清津第二支部（1）、雄基支部（2）、會寧支部（2）
朝鮮西部連合会（12支部・分所）	新幕支部（3）、平壌支部（12）、楽浪支部（19）、八千代支部（11）、江畔支部（7）、大同支部（4）、高坊山支部（4）、寺洞支部（1）、鎮南浦分所（13）、麻山支部（2）、新安州支部（2）、新義州分所（16）

出典：皇道大本地方宣伝課『（昭和十年七月一日現在）信教宣伝使名簿』（天声社、1935年）、277～281頁。右欄の（　）内の数字は宣伝使の人数。

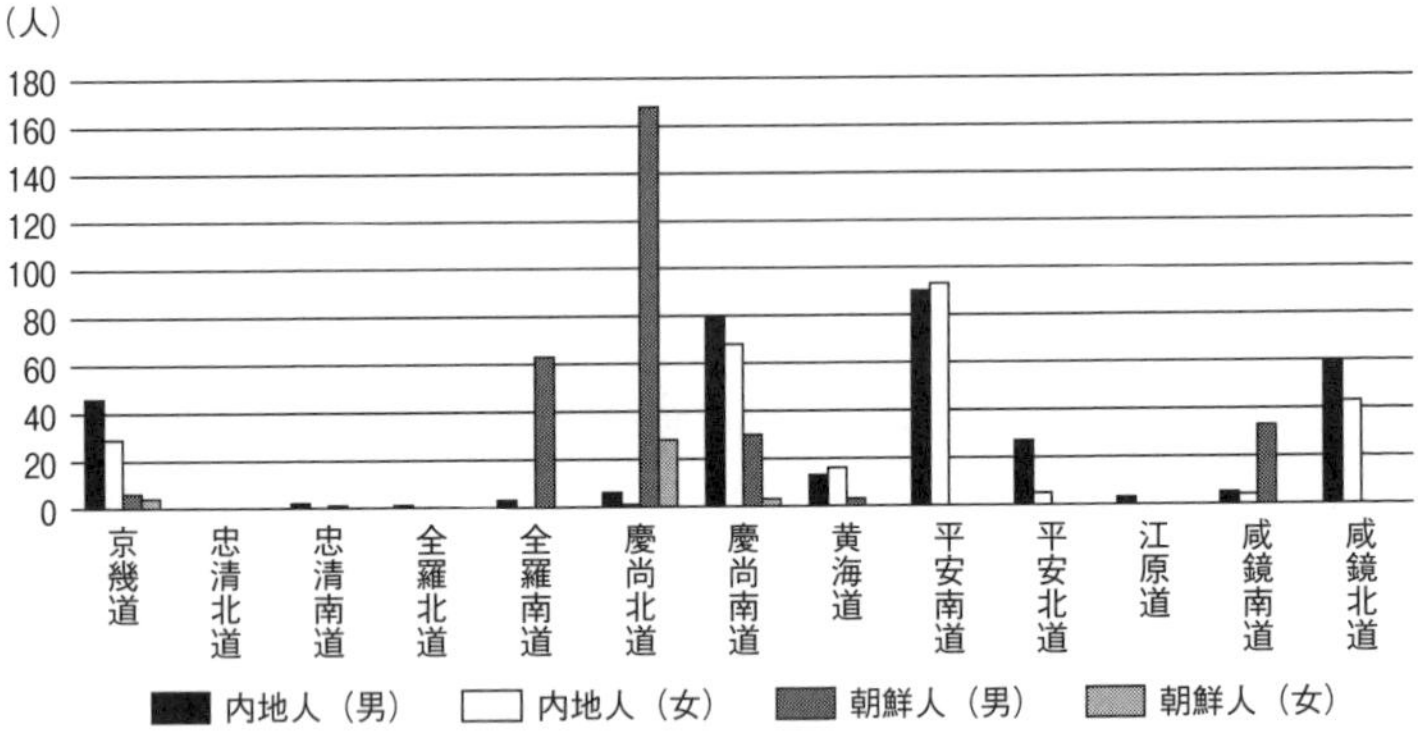

図1　朝鮮における解散直前の大本の教徒数
出典：朝保秘第一六九号「大本教処置状況ニ関スル件」1936年5月28日。

一三日には普天教の解散、十一殿の所有権放棄、教徒の断髪が命じられた。「解散」が命じられた時点から、保安法第一条の規定が適用されて[91]建物の撤去が命令されたため、神社寺院規則第二十条の規定も適用されたと思われる。

普天教側も、当局による弾圧に対応すべく様々な手段を講じた。一九三六年一月から三月にかけては、日蓮宗への帰属を試みている。一九三六年一月の『中外日報』には、普天教が、日蓮系新宗教の本門佛立講（現・本門佛立宗）に帰属如何を打診したという内容が報じられている。同記事によれば、「旧韓国将校会代表従二品勲二等」の肩書きを持つ玄暎運なる人物が、大阪の清風寺と京都の本門佛立講根本道場を訪問し、普天教の本門佛立講への帰属を嘆願したのだという。

玄暎運は、「自分らは信仰の帰趨を失ひ宇宙に迷つて居」るため、普天教が「日本仏教の何れもに《ママ》よる」ことを希望していて、そのため自らは「白紙無条件でその所属（信仰決定）を一任」されたと状況を説明した。日本仏教のなかでも本門佛立講を選んだことに関しては、「仏教中では一番細胞組織化して居る佛立講（本門法華宗佛立教会）が一番我々に適応」しているとするのが、その理由だったようである。

対する本門佛立講側は、「団体教化は不可能」であると一旦断った上で、普天教の受け入れにより佛立講までが害を被ることを心配し、特高に意見を求めた。これに対し特高側は、「普天教は類似宗教で、総裁が前に検挙された事がある、彼等は日韓併合に先立も日露支の間に暗躍したものの残党で今日でも革命系に属する、併しそれが佛立講に入つたといつても、佛立講自体を白眼視する訳ではない」とする答申を出している。普天教の本門佛立講帰属は、朝鮮内部では一応成就したようで、一九三六年三月に「河東に日蓮宗支部（本部京城）を設置之を以て偽装手段とし」たが、[92]しかしながら結局は解散を余儀なくされてしまった。

上述の記事において、普天教の日本仏教帰属を一任された人物が、朝鮮末期および大韓帝国期に主に活動した軍人兼官僚の玄暎運であったことには、注意を払っておきたい。玄暎運は、一八八三年に最初の官費留学生として慶應義塾大学に学び、卒業後すぐに朝鮮最初の近代的な新聞機関であった博文局の主事に任命されている。優れた日本語能力と、伊藤博文の養女・裵貞子との結婚で得た人脈とを駆使して出世街道を歩んだが、一九〇七年以降は官職を離れ、かつ裵貞子とも離婚しており、その後は土地および金鉱に関連する事業に乗り出すも、いずれも不振に終わったようである。

この玄暎運は、一九三一年に創立された親日儒林の団体朝鮮儒林連合会にも参加しており、一九三六年八月には会長の職に就いている。同団体の顧問には、尹徳英・朴永孝・閔丙奭などの朝鮮貴族が就いていた。会長就任直後の一九三六年八月に開かれた臨時総会では、「支那事変」発生に応じる形で、軍事後援と皇軍慰安に取り込むことが決定され、人選も新たに行われた。玄暎運を筆頭とすることのメンバーが中心となり、一九三八年には東洋精神の根源たる儒道を中心に内鮮満支の精神的結合を図る、東洋儒教連合会が結成されることとなる。[93]

そのほか、玄暎運は朝鮮人の一般志願兵制度を陳情するなど、[94]積極的に「親日」的な行動をとっていた。このような経歴を持つ玄暎運が、普天教の日本仏教帰属のために動いていた背景には、朝鮮儒林連合会の顧問であり、かつ道院・紅卍字会朝鮮主会にも関わっていた尹徳英・閔丙奭との人的関係があったと思われる。このことは、一九三〇年代中頃までは、普天教と大本、そして道院を繋ぐネットワークが存在し続けていたということを示唆しよう。

また、注目しておきたいのは、こうしたネットワークがいかに「親日」的なものであったとしても、それが朝鮮総督府の考えとは基本的に嚙み合わないものであったという点である。玄暎運が内地の国会議員を通じて何度も請願していたのは、一九〇七年の朝鮮軍隊の解散によって旧韓国陸軍将校の特権であった官職の終身制と俸禄が廃止されたことで、彼らは何の保護や恵沢も受けられなくなってしまっていたがゆえに、生活に必要な扶助金の支給を求めるためのものであった[95]。そしてこの請願を、彼は朝鮮総督府ではなく、帝国議会に対して直接行っていたのである。

尹徳英による道院・紅卍字会朝鮮主会の設立の背景にはおそらく、総督府との関係が不安定ななかで、内地と中国の勢力との結合により、自らの基盤を確固たるものにしようとする意図があったのではないだろうか。そうした意味では、普天教の求めた帰属先が、同じ日本仏教であったとしても、総督府との関係の深かった真宗大谷派や浄土宗ではなく、日蓮宗系の本門佛立講であったことには、組織運営の近似性といった要因のほかにも、総督府からの距離の遠さという要因があったと考えられる。ともあれ、こうした裏工作も結局は奏功することなく、普天教は強制解散に追い込まれた。

解散後の動向についても、少しく見ておきたい。普天教解散に当たった特高は、その功を認められて表彰されている[96]。当時、普天教本所の周辺には一種の信仰村が形成されていたが、特高は本所を徹底的に破壊して普天教徒による再起の芽を完全に摘む一方、拠り所を無くした信仰村の信徒たちに対しては、「営業の許可、小作の斡旋、叺織、莞草スリッパ製造など手工芸を始めとし夫々適当なる生業」を与えて自立と更生を図った。

醴泉では、管内各駐在所を拠点として普天教撲滅運動が展開されたが、そこでは強制的な方法ではなく、温情的な態度の懐柔策をとることで、自然に脱教させることに力が注がれていた[97]。こうした方法は、見かけ上は功を奏し、八月一日までに二七二人の普天教徒が脱教を誓うこととなった。とはいえ、信仰の根絶が完全に成ることはなく、表面的には脱教を宣言しつつも、秘密裏に信仰を保持し続ける者も多かった。そこで醴泉署は、脱教したことの証明として普天教徒の遵守した長髪をやめさせて長煙管を押収する一方、脱教の確認と農村振興運動への従事を誓う誓約書を作成させた。こうして、普天教から離脱した人々の可視化を目指したのである。

おわりに

本章では甑山系新宗である普天教の事例を検討し、植民地朝鮮の「類似宗教」が直面した課題とジレンマについての考察を行った。

甑山の死後、教祖を失った甑山教団からは多数の分派ができ、それらは宗教行政下における「宗教類似団体」となった。そして、信仰継承の正統性をめぐって競い合う状況を生じさせた。彼らは、布教の自由が実質的に制約されていた「宗教類似団体」の限界を乗り越えるための方策を講じていた。この過程で確認されたのは、彼らが様々な方法で「公認宗教」の境界に近づけば近づくほど、教団の支持基盤である民衆との乖離を生じてしまうという矛盾であった。とはいえ、逆に民衆の支持を得ようとするあまりに「秘密結社」とされてしまえば、恒常的に秩序安寧を脅かす存在と見なされ、その存続すら危うくなるという危険性があった。これは、秘密布教の方式を固守し、「甲子登極説」で民衆の支持を獲得することで分派間の競合において主導権を握った、車京石の場合も同様であった。教勢の伸長に比例して当局からの弾圧も強化されていくなか、車京石一派は「宗教類似団体」普天教となることで、朝鮮社会での公的な活動を開始するに至る。

普天教は、内地の「宗教類似団体」大本が『大正日日新聞』を買収した事例に倣って、経営難に陥った『時代日報』を買収した。しかしながら、朝鮮社会からの強い反対に遭い、普天教は『時代日報』買収を断念せざるを得なかった。とりわけ、社会主義勢力が主導した買収反対の動きの根底には、「類似宗教」普天教を依然として邪教視する認識があった。

こうした状況を打破すべく、普天教は当局への歩み寄りへと路線変更を行っていった。普天教は親日団体の各派有志連盟と連携することで、内鮮融和を宣伝する時局大同団を結成した。しかし、参政権運動を展開した各派有志連盟と、それに反対する朝鮮総督府との間にはもともと埋めがたい距離があったため、普天教は元来の目的であった総督府からの支援を得ることができなかった。また、普天教に対する世間のイメージが悪化していったことで、結局は何の成果もあげることができないままに、時局大同団は解散する運びとなった。

一方、一九二四年前後から、普天教は大本との交流をはじめていた。大本の出口王仁三郎は、蒙古に新宗教の連合による宗教国家を建設することを目論んでいたが、その構想に参加したのが普天教と中国の新宗教団体である道院・紅卍字会であった。この構想は結局実現しなかったが、ただ大本と普天教との間の交流はその後も続いた。かかる理由は、大本が保有した人脈の仲介によって朝鮮総督府との関係改善を狙った普天教側と、普天教の資金力と信徒を利用しようとした大本側との現実的利害関係が合致していたことによる。

一九三四年から三五年には、大本は京城に人類愛善会朝鮮本部と道院・紅卍字会朝鮮主院という二大外郭団体を設立した。ここでは、李海天・尹徳英といった親日勢力が大きな役割を果たしていたが、とりわけ前者の人類愛善会朝鮮本部に関していえば、この団体には一進会を継承した侍天教の主導のもと、東学系民衆宗教の多くが包摂されていた。一方、大々的な弾圧が予期されるなかで、普天教は日本仏教に帰属して弾圧から逃れる方法を模索したが、そこには道院・紅卍字会朝鮮主院の人脈が働いていた。しかしながら、そうした活動も奏功することなく、結果的に普天教は解散を余儀なくされることになったのである。

註

(1) 李英浩「跋」(『普天教沿革史』続編、一九五八年)。
(2) 安厚相「普天教と物産奨励運動」(『韓国民族運動』一九、一九九八年)。
(3) 安厚相「済州法井寺抗日抗争研究」(『宗教学研究』一五、一九九六年)。同「日帝強占期普天教の独立運動——オンライン国家記録院の独立運動判決文を中心に」(『円仏教思想と宗教文化』七〇、二〇一六年)。
(4) 安厚相「植民地時期普天教の公開と公開背景」(『新宗教研究』二六、二〇一二年)。
(5) 安厚相「普天教十一殿과曹渓寺大雄殿」(『新宗教研究』五、二〇〇一年)。金在英「普天教本所建築物의 行方」(『新宗教研究』第六集、二〇〇一年)。
(6) 安厚相「普天教の反日性研究のための研究史的検討」(『韓国宗教』三九、二〇一六年)。以上をふまえた安厚相の普天教研究は、安厚相『日帝強占期普天教の新国家建設運動』(민속원、二〇二三年)にまとめられている。

（7）盧吉明『韓国新興宗教研究』（경세원、二〇〇三年）の第六章「甑山宗教運動と近代社会変動」で普天教が取り上げられている。

（8）黃善明「失われたコミューン——普天教成立の歴史的性格」（『新宗教研究』二、二〇〇〇年）。

（9）金正仁「一九二〇年代前半期普天教の浮沈と民族運動」（한국민족운동사학회『日帝強占期の民族運動と宗教』국학자료원、二〇〇二年）。金正仁はほかの論考で、民衆宗教に集まった民衆の動きを、植民権力からの疎外意識を有した民衆なりの抵抗として位置づけつつも、それを安直に民族運動として規定することはむしろ近代を生きた民衆の様々な歴史を欠落させてしまう恐れがあると指摘した（同「植民地期「末世的」現実に対する新宗教の代案——天道教と普天教を中心に」〈『韓国史研究』一九六、二〇二二年〉、七一～一〇〇頁）。

（10）장원아「一九二〇年代普天教の活動と朝鮮社会の対応」（ソウル大学大学院修士学位請求論文、二〇一三年）。

（11）宋炯穆「植民地朝鮮における朝鮮総督府の新宗教政策と宗教地形の変化——一九二〇年代前半における普天教の活動を中心に」（立命館大学大学院文学研究科修士学位請求論文、二〇一二年）。

（12）磯前順一『近代日本の宗教言説とその系譜——宗教・国家・神道』（岩波書店、二〇〇三年）。磯前順一・尹海東編著『植民地朝鮮と宗教——帝国史・国家神道・固有信仰』（三元社、二〇一三年）。

（13）青野正明『植民地朝鮮の民族宗教——国家神道体制下の「類似宗教」論』（法藏館、二〇一八年〈原著は青野正明『朝鮮農村の民族宗教——植民地期の天道教・金剛大道を中心に』［社会評論社、二〇〇一年］〉）。

（14）尹海東「「植民地近代」と宗教」（磯前順一・尹海東編著註（12）前掲書）、三六〇頁。

（15）桂島宣弘「宗教概念と国家神道論」（同前書）、一四四頁。

（16）李祥昊『甑山天師公事記』一九二九年、四～五頁。

（17）同前、八～九頁。

（18）盧吉明『韓国新興宗教研究』（경세원、一九九六年）、一六〇～一六一頁。

（19）同前、一三七頁。

（20）この過程は、宋炯穆註（11）前掲論文に詳しい。

（21）朝特報第一一号「太乙教ニ就テ」一九二二年三月二七日。

(22) 李栄魯の太乙教本部は京城府長沙同（のちに同府済洞五四番地に移転）に、張南基の太乙教中央総部は同府昌信洞に、尹弼求の普化太乙教は同府龍洞に、全祐栄の太乙教中央総部は同府米倉町に、それぞれ本拠地を構えていた（『普天教一般』〈学習院大学東洋文化研究所［友邦協会］所蔵、一九二六年〉参照）。

(23) 朝鮮総督府警務局「朝鮮治安状況（鮮内）」一九二二年、四六八頁（引用は韓国史料研究所編『朝鮮統治史料七　独立運動』〈韓国史料研究所、一九七〇年〉に拠る）。

(24) 姜東鎮『日本の朝鮮支配政策史研究』（東京大学出版会、一九七九年）、一八一頁。

(25) 朝鮮総督府警務局「朝鮮治安状況（鮮内）」、四六八頁。

(26) 一九二〇年六月に京城に本部を構えた崇神人組合は、全国に約八〇カ所の支部を置いた組織である。この組織は、当局の公認を得て活動の制限を緩和しようとする巫女側と、統治上における統制の必要性を認めた当局側、そしてその仲介を通じて経済的利益を得ようとした小峯との利害関係が重なり合う形で立ち上げられた。

(27) 「小峯源作氏は対州の人にして、今年三十二歳なるが、十二歳の時朝鮮に渡り、李載純の邸に七年余食客となり、爾来京仁の間に住して我国と朝鮮国との間に起りたる交渉事件ある毎に通訳官となり、彼の明治廿七八年戦役の際の如きは大島混成旅団に随いて勲功あり、後ち勲八等に叙せらる、氏兄弟二人あり、何れも戦役の際は通訳官として従軍し、夫々授勲ありしと、又氏が家は豊太閤征韓以来我国と朝鮮国との間に事件ある毎に必ず通訳の任を仰付られし旧家なりと云ふ」（栄城子「長者炭坑に於ける朝鮮労働者」〈『門司新報』一八九八年九月二〇日〉）。

(28) 細井肇『満鮮の経営　朝鮮問題の根本解決』（自由討究社、一九二一年）、一二八頁。

(29) 姜東鎮註(24)前掲書、一九頁。

(30) 郭法鏡（一八七七～未詳）は、親日僧侶として知られた人物である。一九一二年全州郡清水町に布教堂を設置し、同時の全羅北道知事李斗璜の発起で仏教研究会を組織し、指導に臨んだ。一九一五年一二月から全羅北道全州の威凰寺の布教師となり、翌年一〇月に住持の認可を得た。一九一七年一月には本山連合事務所の常置員を務め、一九一七年八～九月に朝鮮総督府が斡旋した日本視察団に参加した。同年八月にはシベリア出兵日本軍を支援する後援金を募集するほか、総督府が支援する朝鮮仏教関連の諸団体で要職についた。一九二五年に寺刹の財

産を横領した嫌疑で住職の認可が取り消され、李晦光らとともに日鮮融和を標榜した朝鮮仏教革新会を創立した。一九二六年には明治天皇と高宗を同時に奉安した寺刹の設立を推進したが、成功しなかった。一九三五年には心田開発運動に参与し、講師として活動した（친일인명사전편찬위원회・민족문제연구소편『친일인명사전』一〈민족문제연구소、二〇〇九年〉、一七九～一八〇頁）。
(31) 高警第三六六一〇号「太乙教徒検挙ニ関スル件（全羅北道知事報告要旨）」一九一九年一二月二六日。
(32)「甑山教史」。嫌疑が晴れた事実は、「全州威鳳寺와 郭法鏡和尚」（『毎日申報』一九二〇年九月八日）にも載る。
(33) 海印寺住持李晦光の主導のもと、一九一四年一一月に組織された同名の仏教振興会とは異なる。李晦光の仏教振興会は内部の軋轢を理由に総督府の勧誘で解消し、新たに在家信徒の仏教擁護会に継承された。尹紀燁「日帝強占期朝鮮仏教団の淵源と史的変遷――朝鮮仏教団役員の構成と履歴を中心に」（『大東文化研究』九七、二〇一七年）、二九三～三二二頁。
(34)「仏教振興会任員」（『毎日申報』一九二一年七月一〇日）。
(35)「金山寺上生法会」（『毎日申報』一九二二年一〇月二三日）。
(36)『酒幕談叢』一九二二年版、大田警察署、二丁。本書第一章の表2-⑦を参照されたい。
(37) 全羅道警察部『普天教一般』。
(38)『普天教一般』、一八九頁。
(39) 李祥昊・成英兄弟の履歴に関しては、홍성찬「韓国近現代李順澤政治経済思想研究」（『역사문제연구소』一九九六年）、七一頁を参照。
(40) 一記者「問題의 時代日報、紛料의 顚末과 社会輿論」（『開闢』一九二四年八月一日）。
(41)「最初의 一念을 固守하고서 天下民衆에 宣布하노라」（『時代日報』一九二四年六月二五日）。
(42)「時代日報討議大会、보텬교의 성토회로 변하여」（『東亜日報』一九二四年八月七日）。
(43) 金正仁註（9）前掲論文、一八〇頁。
(44) 朝日新聞百年史編修委員会編『朝日新聞社史』大正・昭和戦前編（朝日新聞社、一九九〇年）、一〇三～一一〇頁を参照。

(45) 大本七十年史編纂会編集『大本七十年史』上(宗教法人大本、一九六四年)、四九七頁。
(46) 同前、四九七~四九八頁。
(47) 同前。
(48) 「時代日報発行権은 普天教方主에게」(『東亜日報』一九二四年七月一〇日)。
(49) 地検秘第八四七号「普天教ノ新旧派ノ内訌ニ関スル件」一九二四年一一月三日。
(50) 『毎日申報』一九二四年一一月三日。
(51) 『普天教沿革史』上、三九~四〇丁。
(52) 同前、三九~四二丁。
(53) 『普天教一般』、八三頁。
(54) 지승준「一九二〇年前半国民協会の政治活動と参政権請願運動の限界」(『東方学志』一八五、二〇一八年一二月、四一頁)、一六二頁。
(55) 지승준「日帝時期参政権運動研究——国民協会・同民会・時中会系列を中心に」(中央大学校大学院博士学位請求論文、二〇一一年)、四一頁。
(56) 『普天教一般』、八三頁。
(57) 最も頻繁に大本を訪れた普天教幹部金勝玟の名前は、資料によっては金勝珉・金勝玟・金井玟というように表記が統一されていない。しかしながら、普天教側の資料から正式な表記を知ることは残念ながらできない。ただ、読みに関してはすべて「きむしょうぶん」となっているため、ここでは便宜上、金勝玟に統一した。
(58) 「綾部だより」(『神の国』甲子変革号、一九二四年)、九二~九三頁。引用は『中外日報』の記事を『神の国』が載せている箇所である。
(59) 普天教は人類愛善運動のために一万円を寄付しており、『人類愛善会』の創刊号の広告に掲載された人類愛善会本部の目録には普天教幹部金勝玟の名前も含まれていた。人類愛善運動の下準備の段階からすでに普天教が参加していた状況がわかる。
(60) 一九一六年、中国山東省濱県(現・濱州)の官僚たちが、県署の裏庭の「尚大仙」を中心とする様々な神を祀る大仙祠で、乩壇を設けて扶乩を行ったことにはじまる宗教団体である。扶乩とは、伝統的に行われていた一種の自動書記術である。駐軍営長の劉紹基が済南の本家に壇を設けて地内の有力人事を確保しており、それによって組織は飛躍的に拡大していった。この団体は、慈善救済を通じた道の実現を唱えていた。

(61) 大本が最も密接に交流した新宗教団体は道院・紅卍字会であり、やがて両教の間には合同までもがなされていった。孫江「地震の宗教学――紅卍字会と大本教との関係を手がかりとして」(『近代中国の宗教・結社と権力』〈汲古書院、二〇一二年〉)、七八~九八頁。同「地震の宗教学――一九二三年紅卍字会代表団の震災慰問と大本教」(武内房司編『超越する近代東アジアの民衆宗教――中国・台湾・香港・ベトナム、そして日本』〈明石書店、二〇一一年〉)、八三~一〇〇頁。佐々充昭「大本教と道院・紅卍字会との提携――宗教連合運動に内包された政治的含意」(『立命館文学』六六七、二〇二〇年)、一六二一~一六三四頁。

(62) 「神戸道院開設一周年記念会概況」(『神の国』一九二五年三月一〇日号)、八〇頁。

(63) 「綾部だより」(『神の国』甲子変革号、一九二四年)、九九頁。

(64) 玄洋社の末永節が打ち出した「大高麗国」を取り上げた研究は次の通りである。長谷川雄一「大正中期大陸国家へのイメージ――「大高麗国」構想とその周辺」(『国際政治』七一、一九八二年八月)、九三~一〇八頁。佐々充昭「一九二〇年代「満州」における「大高麗国」の建国思想――朝鮮新宗教と日本興亜主義者との邂逅」(『國學院大學日本文化研究所紀要』九四、二〇〇四年)、二七三~三二二頁。이성환「間島の政治的特殊性と日本の間島分離論」(『일본문화연구』三二、二〇〇九年一〇月)、三七三~四〇〇頁。

(65) 長谷川雄一註(64)前掲論文、一〇一頁。

(66) 高苑「天下の経綸」(『神の国』一九二五年一月一〇日号)、二三頁。

(67) 「出征の辞」(『神の国』一九二五年一月一〇日号)、二七~三三頁。

(68) 「新宗教、新精神運動の特点」(『人類愛善新聞』一九二六年一月一日)。

(69) 「新興宗教及新精神運動団体との国際的提携」(『人類愛善新聞』一九二七年八月一日)。

(70) 京城鐘路警察署長「普天教徒ノ行動ニ関スル件」一九二四年二月二〇日。

(71) 佐々充昭註(61)前掲論文、一六三一頁。

(72) 出口王仁三郎『日月日記』九、一九二八年一〇月一四日。
(73) 五月六日に大本教を訪問した金勝玟は、「朝鮮に於ける官憲の無理解なる弾圧をこぼしゐらいき」と述べている（「東都の光」〈『真如の光』一九三二年五月五日号〉、一九頁）。
(74) 『人類愛善新聞』一九二五年五月一日付。
(75) 亀岡に所在する大本の資料室には、一九三四年九月に撮影された李海天・在天兄弟の写真が残されており、そこには「人類愛善会朝鮮主会打合のため支那へ向かつて」との追記がある。
(76) 林鍾国著〔コリア研究所訳〕『親日派――李朝末から今日に至る売国売族者たちの正体』（御茶の水書房、一九九二年八月）、一三六頁。「政治謀略を事とするソ連に対してはわれも亦政治的謀略を以て之に対抗すべきであると言ふ単純な謀略概念から関東軍参謀部第二課は日ソの軍事的接触以来其の効果的方策の発見に焦慮した。其の結果一九三八―九年頃に至つてソ領内に在住する朝鮮人の利用に着目し「李海天工作」と称する謀略準備に着手したがソ連内部に於ける少数民族闘争に対する過大評価と此れ等工作員に対する過信とによつて見事に失敗した」（「JACAR（アジア歴史資料センター）Ref. C13010230000、第四節　謀略（防衛省防衛研究所）」）。
(77) 大本七十年史編纂会編集『大本七十年史』下。
(78) 『東亜先覚志士記伝　中』、一四〇～一四二頁。
(79) そのほか、伊藤博文・小村寿太郎・李容九・兪鶴柱・杉山茂丸・菊池忠三郎・安達謙蔵・近江谷栄次・小川平吉・大竹貫一・末永一三・荒川五郎・大谷誠夫・五百木良三・菊池武徳・高橋秀臣・川崎三郎・小幡虎太郎・大崎正吉・葛生東介・肥田景之・細井肇・福田和五郎・長谷川芳之助・高村謹一ら本人、または遺族が参加した。
(80) 大本七十年史編纂会編集『大本七十年史』下。
(81) 侍天教系（柳志賢・朴海默・金英増・李顯奎・史鉉必・李承元・申東勳）、上帝教系（金仁泰・全斗煥・沈昌策・劉相和・鄭昌信・李源淳・元容馹）、檀君教系（鄭薫謨・李寅相・李相天）（「京城に人類愛善会朝鮮本部設置」『人類愛善新聞』一九三四年一一月三〇日）。
(82) 世界紅卍字会朝鮮主院編『朝鮮主院開幕壇訓』、一九三五年。
(83) 「各界人士参列下에　紅卍道院開幕」（『毎日申報』一九三五年五月一八日）。

(84) 若林不比等のこと。若林不比等は、妹尾義郎らが一九一九年一一月に結成した大日本日蓮主義青年団の一員であり（大谷栄一『近代日本の日蓮主義運動』〈法藏館、二〇〇一年〉、二七一頁）、一九三〇年代には満州に居を構えていた。

(85) 「朝鮮に道院及世界紅卍字会設立」（『真如の光』一九三五年六月一〇日）。

(86) 普天教分派の同名「人道教」とは異なる。

(87) 「宗教類似団体概況」『治安状況　一九三八年九月　京幾道』、五一～五三頁。

(88) 朝保秘第一六九号「大本教処置状況ニ関スル件」一九三六年五月二八日。

(89) 「宗教類似団体에　鉄椎　筆頭는 普天教掃蕩」（『東亜日報』一九三五年一二月一九日）。

(90) 「普天教の陳情断乎として拒絶さる」（『朝鮮新聞』一九三六年七月五日）。

(91) 青野正明註(13)前掲書、一六九頁。

(92) 「秘密宗教類似団体検挙表・自昭和十三年一月至昭和十三年十二月」（朝鮮総督府警務局編『最近に於ける朝鮮治安状況』）、六三～六七頁。

(93) 「孔孟의　道를　通하야　東洋平和를　建設」（『毎日申報』一九三八年三月二三日）。朝鮮儒林連合会の玄暎運、宋埁憲、金甲淳、金益洙、申鉉求、孫永暾により創立された。

(94) 「非常時局に際会朝鮮同胞にも一般志願兵制をと旧韓国将校から陳情」（『朝鮮新聞』一九三三年三月二九日）。

(95) 「旧韓国将校並相当官及准士官ニ扶助金下賜ノ件（朝鮮京城府長沙洞九十七番地ノ四玄暎運外二名呈出）」国立公文書館。

(96) 「普天教事件の功労者表彰」（『釜山日報』一九三六年一一月八日）。

(97) 「醴泉署の温情に目覚めた普天教徒」（『朝鮮民報』一九三六年八月四日）。

第四章　植民地朝鮮の民衆宗教と日本仏教

――新都内の真宗同朋教会と金剛大道を中心に――

はじめに

本章では、一九二〇年代に植民地朝鮮の忠清南道地域において発生した、ある宗教同士の帰属関係、つまり真宗大谷派同朋教会と朝鮮の民衆宗教「金剛大道」[1]との間の合同と分裂の過程を追跡し、こうした合同と分裂の経験が両者にいかなる変容をもたらしたのかを検討する。より具体的には、次の二点の問題を明らかにすることを試みようとするものである。

まず一点目は、一八七七年の奥村円心・平野恵粋の釜山派遣と、釜山別院の開設[2]を皮切りに本格化した真宗大谷派の朝鮮布教が、釜山・京城といった主要都市以外の地域においていかに展開したのか、という問題である。真宗大谷派の朝鮮布教を取り上げた先行研究の多くは、最初の別院が開設された釜山や植民地朝鮮の中心地である京城地域においての活動を対象とする場合が多く、全国に設置された個別布教所に関しては未だその詳細が明らかになっていないところが多い[3]。ただ、かかる現状には史料の不足という、歴史研究に常につきまとう制約とともに、残された史料そのものが一種の隠蔽性を帯びているという要因が考えられる。言い換えれば、本章で取り上げる同朋教会の存在とその活動は、当該期の史料、わけても真宗大谷派側が発行した教団史において触れられる場合がほとんどなく、その名称のみが簡単に言及される程度に止まっている。後述するが、こうした消極的な記述は、一時的なものではあれ、同朋教会に浴びせられた大谷派からの賛辞を勘案すると、違和感を覚える点である。したがって、こうした意図的な空白と隠蔽を埋めて、真宗大谷派による朝鮮布教の全体像を俯瞰することは、その空白と隠蔽の向こうに働いている植民地と近代といった問題を解明することにも、自ずと架橋されていくこととなる。その際、忠清南道新都内を拠点とした地域的ネットワークを構築した同朋教会と金剛大道との合同と分裂は、その一端をうかがわせる重要な事例を提供すると思われる。

一方、植民地朝鮮では、様々な宗教団体が、植民権力が配置しかつ序列化した秩序の絶対的な拘束力を受けつつも、現状認識や目的に対する同床異夢のなかで、様々な合同・帰属・連帯・交流が試みられ実現されていた。本章で明らかにしたい二点目の問題は、こうした合同・帰属・連帯・交流について、「加害（日本宗教）／被害（朝鮮宗教）」「抵抗（民族）／協力（反民族）」といった二項対立的な枠組みを所与の前提とする既存の方法論をとらずに、いかにしてその全体像を捉え直し得るかというものである。

このような問題意識のもと、同朋教会と金剛大道との合同・分裂を取り上げた先行研究を概括してみよう。まず、東学系の民衆宗教である水雲教が真宗大谷派へと帰属する過程を検討した大澤伸雄の研究がある(4)。大澤は、朝鮮総督府が実施した朝鮮の民衆宗教に対する撲滅策の一例として、この過程に着目した。その際、論山・大田・新都内を地域的な範囲として形成された同朋教会のネットワークが、両者の帰属関係に大きな役割を果たしたと分析した。ただ、本章で取り上げる金剛大道と同朋教会との関係については触れられていない。

また青野正明は、植民地朝鮮の民族宗教運動を「地上天国」型（北地域）と予言の地型（南地域）の二類型に分類し、後者に該当する事例として金剛大道とその信徒村での結集力を分析した[5]。青野の研究は、一九三〇年代に金剛大道が歩んだ受難の軌跡をたどりつつ、植民権力による満州移民や日本仏教への改宗といった信徒村解体計画に連なる弾圧の様態に触れている。しかし、同朋教会と金剛大道との合同については、基本的な事実関係の言及に止まっている。

本章では、先行研究の成果を承けつつも、金剛大道側の史料を積極的に活用することによって、同朋教会との合同・分裂をめぐる諸相の具体像を復元することを目指したい。

一　真宗大谷派新都内布教所の開設

一九三〇年、忠清南道論山郡鶏龍山麓の新都内における「真宗大谷派新都内布教所」（以下、新都内布教所）の開設は、極めて異例の出来事であった。それは、ただ単に真宗大谷派が朝鮮布教の不振に頭を抱える状況で、新たな布教所を設立したためではない。それよりも、同布教所の新設に決定的に貢献した同朋教会という組織が、全員朝鮮人信徒で構成されていた点、そして同布教所の位置した鶏龍山新都内という地域が朝鮮社会において長らく有した象徴性という点にある。以下ではまず、新都内布教所が開設された一九三〇年代初頭における真宗大谷派の朝鮮布教の状況を概括し、同教会の詳細と鶏龍山新都内地域が持つ象徴性について触れていきたい。

（二）真宗大谷派による朝鮮人布教の低調と法主の朝鮮巡教

一九三〇年代初頭、植民地朝鮮で活動を展開した日本仏教は、宗派を問わず朝鮮人信徒の獲得に関しては不振に陥っていた。三一運動以後、総督府の統治方針が「文化統治」に転じた一九二〇年代に、真宗大谷派と浄土宗は、それぞれ「向上会館」「和光教園」といった社会事業施設を設立して植民地朝鮮での朝鮮人教化に従事したが、[6] 宗派としての布教は低調であるという認識が日本仏教の関係者の間には共有されていた。[7]

こうしたなか、一九三二年、真宗大谷派京城別院は、新年を迎えて同別院文書伝道部から発行されていた雑誌『覚醒』の大々的な改編を断行した。まず、体裁においては、従来のパンフレットに近い小冊子から全一〇〇頁を超える装丁の製本への変化があった。内容においては、既存の構成を維持しつつも、毎号に特集企画を組むことが新たに決められた。そうした再編の背景には、「その一は口より耳に入る布教の外に手より眼に入れる布教即ち文書伝道の必要、その二は布教に専心する時、自らの布教力培養の急務[8]」といった京城本院側の朝鮮布教に対する切迫感があった。

『覚醒』編集部は、同年二月から五月にかけて「南鮮号」「北西鮮号」「湖南鮮号」「中鮮号」という地域別の特集記事を組んでいた。そこでは、該当地域に在住していた布教者、および信徒に対して、布教所事業の実状や開教当時の状況、信仰一話などに関する原稿を送るようにとの要請が誌面を通じて行われた。しかしながら、集められた原稿が少なかったので、この企画は大した成果を得られずに支離滅裂な状態で終了してしまった。このことは、当該期朝鮮での布教に行き詰まっていた日本仏教の実状を、ある意味象徴するものであった。

京城別院が朝鮮布教に積極的な態度を示すようになった背景には、一九二九年八月からはじまった大谷派法主の大谷光暢とその妻・智子ら一行による朝鮮巡教があった。この朝鮮巡教は、前法主の大谷光演が海外投資の失敗によって教団を財政難に陥らせ、その責任を取って法主の座を追われたことで生じた教団内部の混乱が一段落し、教団の雰囲気を刷新してその健在を対外的に宣伝するために行われた。大谷光暢一行は同年一〇月に予定されていた朝鮮仏教大会に先立って、約三週間かけて主要な大谷派別院・布教所を訪問していた(9)。また、朝鮮巡教の前後に議論されていた布教師の永住化も、巡教と併せて決定事項となった。従来、真宗大谷派では海外の布教施設を本山の直轄下に置き、関連人事も本山が任命して派遣する形態をとっていたが、この本山直轄の方針は専従住職の任命を求めた総督府の方針と摩擦を生じていた(10)。

巡教に同行した大谷派宣伝課主任の竹中慧照は、前年度の一週間の朝鮮訪問と今回の巡教の経験から、日本仏教の朝鮮における勢力分布と布教状態、朝鮮仏教の現況などに関する意見を述べた「朝鮮開教私見」を、四回にわたって『中外日報』に連載した。

朝鮮に於ては内地の仏教各宗は先を競ひて開教に従事し、それぞれ開教主担者を置き、おのおの布教所を設け、専ら開教に努めている。しかし茲に開教といつてゐるが、厳密なる意味に於て果たしてかく名けることが妥当であらうか。〔中略〕しかし、一二の小さな例外はあるにせよ、仏教各宗の所謂開教なるものは、所謂朝鮮在留内地人に対する布教であつて、朝鮮人に対するそれではない(11)。

竹中はまず、「未開の地」での布教の難しさや在朝日本人を対象とする布教の重要性を認めつつも、朝鮮人に対する布教がほとんど行われていない点において、「仏教に対する処女地に初めて」布教するという意味での真なる開教は未だ得られていないとした。「鮮人に向つても、広く仏陀の福音を宣伝」することは、「さまぐな意味から内鮮融和の叫ばれてゐる時、仏教家の考慮せなければならぬ問題」であるため、より積極的に朝鮮人布教に取り組むことを呼びかけていた。

巡教期間中に竹中が接触した朝鮮人たちは、大谷派の布教および内地人布教師に関して次のような不満をぶつけた。「鮮人に対しては何等の談話をも交換させない」「鮮人の家屋に入ることさへ嫌ふかのやうな態度を示す」「現今の教育を受けた若き鮮人は確かに精神的な何物かを求めやうとしてゐる〔中略〕内地の布教師は殆んど彼等を相手にして呉れない」[12]。一方、こうした大谷派の内地人布教師の、冷淡で布教の意欲さえ見えない態度と対照をなしていたのは、キリスト教であった。朝鮮の民衆がキリスト教宣教師に対して強い関心を示し、厚い信頼を寄せる場面を目の当たりにした竹中は、朝鮮人においてキリスト教とその宣教師は「為政者の苛政から脱する安全地帯」であって、「多くの鮮人の心霊はキリスト教によりて支配せられてゐる」ことに気づき、危機意識を高めた。そのために、朝鮮人布教のために至急に取り組むべき事柄として、彼は内地布教師の朝鮮語学習、経典の翻訳および教義の一般解説書などの印刷物の発行、音楽や儀式を用いた布教を提案した[13]。

以上のように、真宗大谷派京城別院の『覚醒』改編の意図は、文書伝道という方式によって朝鮮人に対する布教力強化を目指すところにあった。また、布教師の永住化によってより安定的かつ持続的に布教に専念させる方針が建てられた。

（二）「宗教の展覧場」鶏龍山新都内

上述したように、決して大谷派の朝鮮布教が順調ではなかった一九三〇年に、忠清南道論山郡鶏龍山麓の新都内に新都内布教所が開設されたのである。この出来事の含意を把握するにあたって、鶏龍山新都内という地域について触れておきたい。

風水が強力なイデオロギーとして機能していた前近代朝鮮において、鶏龍山は、風水地理的に優れた地、すなわち明堂であるとされてきた。新羅時代において鶏龍山は、白頭山・智異山・妙香山・金剛山とともに五嶽（五つの名山）の一つとされたが、妙香山の上嶽壇、鶏龍山の中嶽壇、智異山の下嶽壇が設置された朝鮮時代においては、山河大地を守護する山神を奉る国家的祭祀がここで執り行われていた[14]。また、朝鮮王朝の建国当時には、鶏龍山は有力な遷都地の候補としてあげられていた。最終的には漢城への遷都が正式決定されるが、その名残は新都内のなかの地名に残されている[15]。また、朝鮮王朝末期になると、李氏王朝が滅亡して鄭氏王朝が興り、漢陽から鶏龍山に遷都すると述べられた予言「鄭鑑録」の流行とも相まって、鶏龍山は反王朝的宗教運動における重要なモチーフをも提供することとなった。

このように、一つの聖地として朝鮮社会における確固たる象徴として存在していた鶏龍山であったが、植民地期には、ここに多くの民衆宗教が拠点を移しはじめていた[16]。一九二三年頃には、**表1**のように、数多くの宗教団体があつまり、宗教村を形成し、その様子は「大小正邪各派宗教展覧会を見る様な状態」であった[17]。そのことの一端をうかがうことのできる史料を、以下に引用しておこう。

表1　1923年末新都内宗教村の構成

宗教別	場　所	管理者	信徒数
侍天教新都内支部	豆磨面石渓里	金益昇	3,320
浄土宗新都内布教所	豆磨面夫南里	田在龍	1,076
大谷派同朋教会	同上	金東漢	3,172
第七日安息日耶蘇再臨教	鎮岑面南仙里	柳在漢	30
檀君教忠南支部	豆磨面龍洞里	李進鐸（引用者：李鎮澤の誤字）	17
大華教新都内布教堂	鎮岑面南仙里	南宮圭	80

※以下、本章における表の出典は、いずれも、李覚鐘「朝鮮の迷信と鶏龍山」（『朝鮮』112号、1924年8月）、116～147頁。

愚鈍なる百姓達を惑はす者が出たり、又今から幾許もなく世は改り革命が起るとか今の世に道を修めないと後世には罰を受け、又天下平定後も高官大爵を得る事が出来ないで農夫で終るだらうなどといひふらすものもあつた。仏教に近い天道を信ぜよと宣伝するものも出て来た。〔中略〕愚民は真なりと思ひ、四方八方から雲集して遂に一大市街を形成した。従つて地価は暴騰し生活困難を感じ懐中の金が乏しくなる。これらの人々は北鮮人が殊に多かつた。歳月が去り文化の進歩するに従ひ、其の虚言なることを悟る者が多くなつて再び他に離散する傾向がある。(18)

我が教と新王鄭氏との間には黙契あり、故に若し吾教に入教して誠を致すものは新王出現の暁高官と特権とを受けらるべしと。或は曰く、吾教は新王と黙契あるが故にその本所を新都内に置きて、新都たるの規模を開拓して以て新王を迎へむとす、この規模開拓に努むる者は後福あるべしと。(19)

このように、民衆宗教が一部落を挙げて新たに移住を開始すると、教徒と警察との間に衝突が起きることもあった[20]。一九〇九年には五二五戸二〇九一人に過ぎなかった当地域の人口[21]は、一九二〇年代に入って大幅に増加した。**表2**は、一九一八年頃から一九二三年にかけての新都内移住者を、年度ごとにまとめたものである。一九一八年末には五八五戸二六六七名であった人口は、一九二一年頃には二倍以上に増加し、一九二三年までその数値は増えていった。移住者の数が際立つ一九二一年には、侍天教徒の集団移住があったことがその背景であったと推測される。続いて、新都内の各里別の移住者数を表した**表3**をみれば、土着民のおよそ三分の一が豆渓駅を中心に形成された旧市街地の南仙里に居住したことに比して、移住者は夫南里・石渓里・龍洞里に定着する傾向があった。その結果、とりわけ夫南里は南仙里以上の人口を保有する。

表4は、同じく各里別の職業および宗教を調査したものであるが、夫南里・石渓里・龍洞里における信仰者の数が目立っている。宗教布教師の割合は少なく、住民のほとんどは農業や労働に従事していたようである。また、巫女・卜者の数が夫南里・龍洞里において多くなっていることも興味深い。ここでの宗教布教師が侍天教・浄土宗・同朋教会に関連したとすれば、こうした巫女・卜者の存在は、それらの宗教団体とは関係ない別の信仰共同体や儀礼行為も共存していたことを示唆してくれる。新都内新市街地の入口に位置した石渓里に巫女・卜者の数が少なかったのは、一九二一年一〇月一日に新都内警察官駐在所が設立されたことにも起因する[22]。新都内移住者帰還者を示した**表5**によれば、ほぼ全国からの移住であることが把握できるが、なかでも黄海道、忠清南道、忠清北道、慶尚北道、全羅北道の順で移住者が多かった。黄海道の移住者が際立つのは、やはり当該地域への侍天教徒の集団移住によるものであったと考えられる。なお、移住した後の帰還者が多い地域は全羅北道と黄海道で

表2　新都内移住者年別表

移居者戸数			年末戸数		
年　別	戸　数	人　口	年　別	戸　数	人　口
1918年以前	70	350	1918年末	585	2,667
1919年中	91	455	1919年末	676	3,122
1920年中	142	710	1920年末	818	3,832
1921年中	610	2,443	1921年末	1,428	6,275
1922年中	148	744	1922年末	7,576	7,019
1923年中	63	237	1923年末	1,639	7,256
—	—	—	1924年末	898	4,565
合　計	1,124	4,939	—	—	—

表3　新都内移住者表

	土着者		移居者		計	
里　名	戸　数	人　口	戸　数	人　口	戸　数	人　口
夫南里	92	414	345	1,497	437	1,911
石渓里	65	286	202	881	267	1,167
龍洞里	84	378	241	1,059	325	1,437
丁壮里	38	171	68	397	106	568
松亭里	78	357	106	606	184	963
南仙里	158	711	162	499	320	1,210
計	515	2,317	1,124	4,939	1,639	7,256

表4　新都内現在戸口職業および宗教別表

	職　業							宗　教				
里名	宗教布教師	巫女	ト者	農	商	労働	その他	侍天教	浄土宗	同朋教会	檀君教	再臨教
夫南里	20	11	9	210	26	121	40	482	99	93	0	0
石渓里	13	2	3	99	19	91	40	513	55	102	0	0
龍洞里	17	15	18	110	17	106	42	676	31	51	1	0
丁壮里	0	0	1	53	5	39	8	87	27	16	0	0
松亭里	8	0	2	87	12	62	13	124	0	0	0	7
南仙里	14	0	3	153	8	111	31	130	0	0	0	23
計	72	28	36	712	87	530	174	2,012	212	262	1	30

表5　新都内移居者帰還者表

	移居者		帰還者	
道　別	戸　数	人　口	戸　数	人　口
京　畿	60	292	8	21
忠　南	310	1,329	11	76
忠　北	121	568	1	5
全　南	49	309	4	19
全　北	68	312	40	188
慶　南	42	194	1	2
慶　北	97	439	3	4
黄　海	373	1,524	31	122
平　南	43	206	1	2
平　北	28	125	0	0
江　原	17	85	2	10
咸　南	20	79	1	4
咸　北	8	30	0	0

あるが、移住者の割合から計算すると、全羅北道移住者の場合その半分以上が帰還を選択した。当初の移住の動機に信仰の問題があったことを鑑みれば、全羅北道井邑に本部を置いた普天教が急成長した時期とも重なり合って、普天教への流入可能性も想定し得る。

二十四日、余は汽車にて論山駅から豆渓駅に出て、南西約一里半ある新都内の移住部落に赴いたが、部落近くになると田の中に簡単な民家がボツ〳〵新築されてるのを見た。新都内で余の調査した部落は論山郡豆磨面夫南里図版第五八・第五九・第六〇・第六一・第六二・第六三・部落の特相第一六であつたが、六十戸に近い此の新部落が一年も経たぬ間に出来たと聞いて驚いた。これは一種の迷信で遠くは平安南北道から来るが、最も多いのは黄海道からである。雪は降り寒気は烈しく、為に長時間の調査を遂ぐる事は出来なかつたが、朝鮮人の心理的傾向を研究するには実によい部落である。此処に最も多く信徒を有する侍天教主金演局氏の邸宅部落の特相一六は、新築の最中だつたが全く貴族の邸宅の如く壮大なものである。豆渓駅では栗を入れた沢山の袋や家具を積んであるのを見たが、それは何れも移住民が郷里から持ち来るので、黄海道庁の如き極力移住を止むる方針を取つてるけ

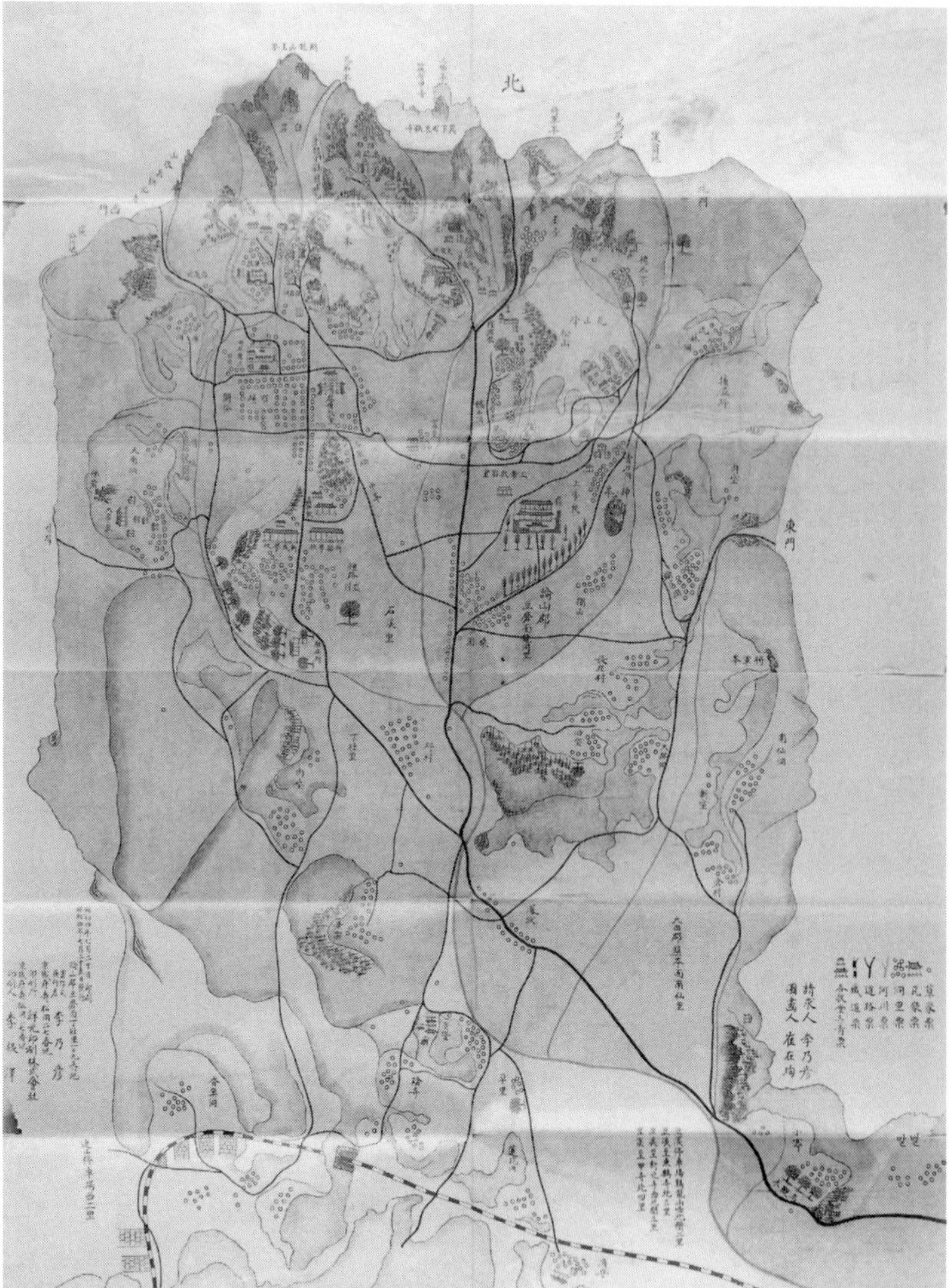

図 1　1928～29年頃の新都内宗教村の構成（李乃彦『鶏龍山新都内探勝記念　新都内全図』〈鮮光印刷株式会社、1929年［韓国国立民俗博物館所蔵］〉）

れど、移住者は家財や食料品を先に送り、自分は京城見物などと称して郷里を出づるものが多いといふ。[23]

四五千名の侍天教人が集まつて、新築した戸数も千余戸を数えます。宮か殿か金亀菴宿泊室という宏壮な新築物もあり、侍天教伝教室も学校もあり、三部落からなつた新市街があつてよつぽどの邑内よりマシです。西門巨里、東門巨里、鍾路、宮の跡地があり、帝子峰、李太祖の遺物の柱石があつて、廃都といえば廃都に、新都といえば新都の感が無いわけではありません。[24]

植民当局も、それらを「迷信の盛んなる関係上、何等の経済的根拠なく、徒らに無稽の伝説迷信によりて、多数の移住者を見た」「迷信聚落」[25]の代表格として捉えていた。鶏龍山新都内はまさに、植民地朝鮮における民衆宗教の「展覧場」と化していた（当時の新都内の様子については、本書付録を参照のこと）。その鶏龍山新都内に日本仏教の布教所が開設されたことは、注目に値しよう。

(三)「同朋教会」の朝鮮人たちと論山布教所

真宗大谷派新都内布教所の設立が有したもう一つの特殊性は、同布教所の設立を可能にした同朋教会という組織の存在である。「念仏主義を奉じる」同朋教会は、新都内において約一〇年間活動を続けており、一九三〇年頃には約三〇〇〇人の会員が所属していたとされている。[26]もっとも、三〇〇〇人の会員という算定をそのまま鵜呑みにすることはできないが、ここで重要なのは、同朋教会が「千余坪の土地及び其宏壮なる建物」を大谷派本山に寄付し、「本山の直接的な指導を請願」したという点である[27]。大谷派からすれば、安定的な組織力と豊富な財源を持つ朝鮮人の信仰組織が、全ての権利を大谷派本山に譲渡し、直接の指導を受けることを希望するという、絶好の機会を得ることになったのである。本山側が、かかる同朋教会の要請を受け入れて新設したのが、新都内布教所であった。新都内布教所の責任者には、かつて同朋教会を率いた朝鮮人の金貞黙が任命され、教師として在勤することとなった[28]。また、金貞黙の補佐役には大谷大学の専門部を卒業したばかりの黄滋淵が当たった。要するに、新都内布教所の設立は、同朋教会が過去一〇年間において新都内で蓄積してきた物的・人的基盤をそのまま引き継いだうえで実施されたものであり、また同朋教会の存在無しには同布教所の設立は到底なし遂げられるものではなかった。このように見てくると、果たして同朋教会がいかなる組織であり、そしてなにゆえ大谷派への帰属を自ら求めたのか、といった疑問が自ずと生じてこよう。

植民地朝鮮では、「布教規則」によって宗教管理者の指定・変更には届出の提出が求められたが、そこから同朋教会を探ってみると、布教担任者として名前があがっているのは釜田義慶という人物である。同朋教会の「布教所設立届出」が提出されたのは、一九二〇年二月二九日である[29]。また、新都内と隣接する論山布教所に勤めていた釜田法章の実兄[30]である義慶は、一九二一年四月二八日、行政当局に「布教担任者変更」と「布教担任者選定[31]」という二つの届出を同時に提出していたことが確認できる。前者は、法章から引き受けた論山布教所の担任者変更、後者はそれとは別の新組織、つまり忠清南道論山郡豆磨面禹跡洞六〇一をその所在地とする「真宗本願寺派真宗論山同盟《ママ》教会」のものであった。大谷派本願寺朝鮮開教監督が一九二七年に編纂した『朝鮮開教五十年誌』では、同朋教会について次のように説明されている。

釜田法章師はつとに朝鮮人布教に留意し真宗同朋教会を組織して、教会の本部を扶余付近に設置し、教義の宣伝、隣保、施薬等の事業を起し、且つ小学校をも建設して最近の開教使中全鮮を通じて独り万丈の気を吐いたと云ふべきである。(32)

上記の引用から、同朋教会が行った事業の具体的な内容と同朋教会への評価の一端をうかがうことができる。同朋教会とは、釜田兄弟が朝鮮布教のために作った組織であり、その主たる活動は「教義の宣伝」や「隣保」「施薬」、そして教育事業であったという。上記で同朋教会が設立したとされている小学校はおそらく新成学校であり、一九二四年四月二三日には、同朋教会の開教五周年の記念式典も兼ねて付属の新成学校で運動会が開かれ、教徒二〇〇〇人と学校関係者一〇〇〇人が参加したという記録がある。(33)これによれば、同朋教会は一九一九年四月頃に設立されたと考えられるが、周知のごとく当該年は、植民地統治の転換点となった三一運動が発生した年にあたる。とすれば、同朋教会は三一運動以後、釜田兄弟が朝鮮人の「善導」のために作り上げた組織であった可能性もある。

釜田兄弟が朝鮮人「善導」のために自らが継承した論山布教所ではなく、わざわざ同朋教会という新生の組織を作ったことには、おおよそ二つの理由があったのではないかと推察される。一つは、依然として解決の目途の立たない論山布教所の不振である。同布教所は、本山より毎月送られる一〇～一五円という小額の補助金を財源としていたが、運営・維持には到底足りない金額であったため、その不足分を婦人講話会・洗心会・護持会といった信者組織からの志納で補っていた[34]。主な活動として毎月六回の法話を開いていたが、信者の多くは「婦女子老人にして青年壮丁は比較的信仰に冷淡」であって、「甚だ活気なし」といった状況であったという。朝鮮人布教も、「目下の布教状態に於ては倒《ママ》底耶蘇教の伝道布教に対抗すべき余地なし」と、事実上棚上げされていた。おそらく釜田兄弟は、論山布教所では到底成し遂げ得なかった朝鮮布教の任務を、同朋教会によって試みたのではないだろうか。

もう一つは、金貞黙に代表される、同朋教会に属していた「同胞」の存在である。金貞黙の詳しい経歴は残念ながら不明である。ただ彼は、僧侶の李智光とならんで「真宗大谷派における「内鮮融和の実例」」として知られており、両者とも朝鮮人としては珍しく一九二九年一一月に京都東本願寺で得度式をあげていた[35]。李智光は一九一四年に日本留学に出た一三人のうちの一人として曹洞宗大学（現・駒澤大学）を卒業し、その後は真宗大谷派が設立した京城向上会館の教務主任を務めて、『真宗信仰の聖粋』を朝鮮語訳した人物である。こうした人物と同格に扱われていた点からも、金貞黙の活動が高く評価されていたことがわかるが、その彼は、新都内布教所および一〇カ所の出張所（蓮山出張所[36]・山老出張所[37]・燕岐郡薪洞出張所[38]・下大出張所[39]・草峴出張所[40]・魯城出張所[41]・黒石出張所[42]・城北出張所[43]・論山出張所[44]・萬頃出張所[45]を傘下に持つ）の責任者として、在勤していた。こうした経歴を持つ金貞黙は、新都内での布教についての自らの苦労を、次のように回顧している。

此の新都内といふ所は実に迷信的邪教の多い所であつて、一見宗教の展覧場のやうな感じのする処であります。李朝末期に陸続として起つた迷信団体が人心を一手に帰せしめんとして伝説的此の地方に集まつたのであります。だから、斯様な迷信の真只中で我が真宗の教義を宣布することは却に容易なことではないのであります。幾度か迫害を受け、苦痛を忍んで漸く最近形を整へてまいつた次第であります。(46)

確かに、釜田兄弟と金貞黙の同朋教会での活動には、様々な困難と制約が付きまとったようである。というのも、当局が新都内に集まった朝鮮人たちを不穏極まりない集団として認識していたからである。いかに釜田兄弟や同朋教会が日本仏教に関係していたとしても、そこに携わる朝鮮人「同胞」らは、警察側からの嫌疑と弾圧から完全に自由になることはできなかったのである。

然るに、扶余の地は古へ百済の起つた処であり、ここに集まる鮮人はやがて、朝鮮の独立を期するものであるなどと云ふ一種の夢をいだき、空想をよろこぶ彼等の周囲も亦これを信じ一時官憲の注意する処となつて釜田師は度々無実の疑をかけられ教会に関係ある同胞はしば〳〵警察に引致される等言語に絶した圧迫をうけたが、本来大法の宣伝と同胞親愛の外に何等の意図もなかつたことが判明して最近やうやく公然と認めらるゝに至った。(47)

同朋教会の重要人物である釜田兄弟と金貞黙の回想に共通しているのは、根強い迷信に陥って朝鮮独立を念願していた不穏な朝鮮人と同朋教会の間に醸し出された、危うい綱引きのような緊張関係にほかならない。蒙昧で不穏な朝鮮人を、同じ朝鮮人が布教の対象として啓蒙することは、ともすれば植民当局から不穏な仲間同士と誤解される危険性を常に伴うものであった。こうした同朋教会の苦労の経験は、新都内布教所にも継承された。そのため以下のように、今後の朝鮮布教においては、細心の注意を払うことの重要性が説かれた。

鮮人布教の実際については極めて困難が伴う。十余年専心布教してゐる金貞默が其筋から全く注意を解かれたのは最近であって此間数回拘留の憂目をみたといふことや、李朝五百年の仏教迫害の習慣は今日尚男子の寺詣で遠慮され寺僧蔑視の習風のあることや、偶々仏教団体を組織せるものあればそれを喰物にして私腹を肥やし社会運動の道具としやうとする等々鮮人布教に際しては細心の注意と不抜の忍苦がなければ到底成績を収め了ることは困難である。黄赴任の際にも此点充分注意を加へ自重を望んでいたいたわけだ。(48)

一方、金貞默が拘留ないし警戒された事実からは、当地の警察当局が彼と不穏な朝鮮人との間の距離を相当に近いものと認識していたことをうかがうことができる。ただ、そこには上述した、朝鮮人が朝鮮人を布教の対象とすることが孕んでいる危険性に対する警戒とともに、実際に金貞默が密接な関係を結んでいた金剛大道の存在が欠かせない。詳しくは後述するが、予め先取りしていうと、一九二二年から約四年間にわたって金剛大道は同朋教会に帰属するが、その際に金剛大道によって建てられた法堂こそ、まさに後に同朋教会が大谷派本山に寄付した建物だったのである。

二　金剛大道と同朋教会

（一）李承如信仰共同体の誕生

同朋教会と金剛大道との間の合同・分裂を検討する前に、まず忠清南道鶏龍山の新都内において活動していた植民地朝鮮の民衆宗教である金剛大道の沿革を、簡略にまとめておく(49)。金剛大道は、江原道通川郡踏銭面で出生した李承如（一八七四～一九三四、号は土庵）を中心として形成された信仰共同体である。李承如の生まれた家は極貧であったが、家族間の仲は非常に円満であったようで、この幼年期の経験から、李承如は家庭内の和親を強調したという。幼少期より聡明であったが、家計の困窮ゆえに学問に専念することができず、樵業に従事しながら生計を立てていた。だが、自身が高麗末の文臣・牧隠の第一七世孫であることに強い自負を持っており、いつか必ず牧隠の本郷である忠清南道の韓山へ「南遷」することを常に熱望していたのだという。

「南遷」は、李承如を理解する上で欠かせない重要なキーワードとなる。李承如にとって最初の「南遷」は、「湖中は乃ち士夫の驥北にして、君子当に居るべき所之にして、韓山は亦先世の梓郷にして吾必ず往矣(50)」であった。つまり、牧隠の子孫であり士大夫である自身が、君子のいるべき湖中、なかでも祖先の「梓郷」である韓山に行って学問に取り組むことを欲していた。しかしながら、三三歳を迎えた一九〇六年二月一五日、李承如は神秘的な体験をし、それ以降「南遷」の意味合いが大きく変化していく。

いつも通り樵業を終えて帰宅した李承如は、いきなり天地間が澄み晴れて、六合が開かれるなかで万理に気づき、たちまち次のような言葉を吐いたのだという。

顕宇〔引用者註：李承如の幼名〕が閏年には皇人となって地の風水を開く。閏四月の陰暦十五日に平生の徳を明確に尋ねる。意外の千里客の高名が明らかに世に伝わるようになる。壮元級第は第一であり富貴功名が特等である。是時に又春に逢って万人が皆仰視する。(51)

この経験を通じて地の風水を開き、創生を救済する存在＝皇人という自己規定をするようになった李承如は、同年九月に亡き母の墓を改葬する一方、「若し久しく此の地に居れば、即ち只農夫になるのみである」という考えから「忠清道に遷って、後に万人を救世して士大夫になる」決心を固めた。(52)忠清道で「万人」を救世するということには、前述した祖先の「梓郷」へ帰るという意味もあった。これは、前近代の産物でありながら、近代以降も無数の変容を経ながら朝鮮民衆の間に根を下ろしていたメシアニズムである真人思想、なかでも「鄭鑑録」の予言――李氏王朝が滅亡した後に、鄭氏の真人が出現して新王朝を建設し、鶏龍山に遷都する――を連想させる。実際、李承如自身が幾度かの「南遷」を試みて、ついにたどり着いた場所は、鶏龍山下麓の白岩洞であった。

「南遷」がようやくにして成ったのは一九一〇年四月であったが、その際に同伴した一行は李承如と妻の慈庵、そして隣人であり李承如と義兄弟の契りを結んだ鄭泰鎔一家の一〇人ほどにすぎなかった。幸いにも、白岩洞に着いた当日に、そこに居住していた金道明の援助で居宅を探すことができた。

それ以降しばらくは、みすぼらしく狭小な家で李承如夫妻と鄭泰鎔一家とが同居しながら糊口を凌ぐ極貧の生活を続けた。

そうしたなかで、常に「高人」に出会うことを一生の念願としていた金道明が李承如の弟子になったことを皮切りに、数十人の者たちが次第に李承如のもとを訪れるようになった。そして彼らが弟子となっていくことで、結果として小さな共同体が形成されるようになった。この頃、李承如に入門した者たちの多くは、「五行の理を知り事を知り吉地を得る」[53]ことを目的としていたようである。「新学は道徳の教えに非ざるなり」[54]と近代学問に否定的であった李承如は主に儒仏仙合一、なかでも倫理道徳を強調する儒教的要素の強い教えを説いていたが、ほとんどの弟子は文字ができなかったために「口伝心受」の方法を取っていた。時には伏羲八卦や七陰七陽、人身の七物、天干陰陽の分別などの陰陽五行説と、踏山尋龍の法、墓地の九星および五行八卦法、三吉六秀、陽宅の東西四宅法、陰宅用分金などの風水学、男女合婚法などの婚姻に関わる問答を弟子たちと交わした。

この信仰共同体の特徴を示唆してくれる逸話がある。それは、弟子たちが李承如の説法する「陰府等説」に限っては疑念を抱き続けていたため、李承如が弟子一人に命じて全州と京城にある関聖廟で「聖神降乱書籍」を購入させたという逸話である。[55]この書籍を目にした弟子たちは、ついに「初めて聖人が出世することを知った」という。

すなわち、この時期における李承如の弟子たちは、超越者への信仰よりは、一八世紀後半に下層階級にまで広まっていた士意識を共有する人々であり、そのため李承如が説いた儒教的な倫理道徳の教えには順応する反面、神秘性を帯びた信仰的教説には疑問を抱いていたのである。このように見てみると、「聖神降乱書籍」を契機に李承如の絶対性を少しは受け入れたとはいえ、この段階では李承如を中心とする信仰共同体は、比較的緩い結束力で結ばれるだけの存在であったと考えることができる。未だ信仰共同体としての内実は極めて乏しかったのである。

また、風水や宅地に関する言説が李承如と弟子たちとの間に頻りに登場することも、一つの特徴としてあげられる。地理の形勢をみて吉凶を判断する風水や、埋葬の場所を選定する宅地の問題は、一六世紀以後、『朱子家礼』の普及と相まって士大夫たちの間で重要視されていた。とりわけ、風水的に良い吉地の確保が望まれたが、一八世紀後期に至るとその欲求が下層民にまで広がっていった(56)。李承如はとりわけ宅地に関連した優れた能力の持ち主であったとされており、「現在の世人は神の証があってから即ち信心が発する(57)」とされていた。例えば、跡継ぎとなる長子がなかなか産まれない弟子に対し、祖先の墓が蛇頭の形勢にあるのが原因で子孫が育たないと述べて移葬を促した結果、念願の息子が生まれたことや(58)、祖先の墓がある親山が極めて不吉であるため急いで移葬させ、また弟子の居住地に穴を掘って吉地に変えたこと(59)、原因不明の病気を祖先の墓を移葬させて治したこと(60)、幼くして両親を亡くしたために祖先の墓の位置を忘れた弟子にその位置を教えたこと(61)、といったような逸話が残されている。この風水と宅地に関する取り組みは、一九二〇年代以降も続けられていく。

以後、弟子は増加し続けるが、それと同時に植民当局からの監視も強化された。一九一六年以降、李承如が説法をするたびに遠近から数千人の男女が集まったが、当局が排日団体という認識のもとに取締りを行ったために、それを警戒した李承如が弟子たちの訪問をしばらく禁止したこともあった(62)。一九一六年五月には詐欺の容疑で冤罪を被ったり、一九二〇年八月には盗難事件に巻き込まれるなど数々の不運が続いた。とりわけ、一九二〇年の盗難事件では、李承如が巡査の服装をした泥棒に金品を盗まれた被害者であったにもかかわらず、警察側から上海臨時政府に軍資金を仕送りしたという嫌疑をかけられた。かかる警察側の過敏な対応の背景には、前年に起きた三一運動以降、植民当局が上海臨時政府の動向をうかがっていたことや、それに関連した諸風説が社会に広まっていたことなどがあったが、結果的には幸いにも無実であることが認められ、無事に釈放されている。しかし、翌年の一九二一年九月にも、再び同様の嫌疑をかけられ、李承如と弟子たちが逮捕される事件が起きた。干支のはじまりである甲子にあたっていた一九二四年の前後は、「甲子年に新王が即位し、日本を倒して朝鮮を取り戻す新しい国を建設する」という趣旨の、いわゆる「甲子登極説」なる風説が朝鮮社会において最も盛行した時期であった。そして、新王の出現と朝鮮独立に対する民衆の期待と比例して、本書第三章で見た普天教の事例がそうであったように、様々な民衆宗教の教勢が伸長していった。当時、李承如とともに逮捕された弟子の金道明にも、「甲子登極説」を流布したという嫌疑がかけられたが、金道明は「天降した聖人が万民を教化することがどうして無理な風説であろうか。甲子の風説は世の皆が伝播しているがなぜ私一人を疑うのか」と抗弁したという[63]。興味深いのは、金道明が「甲子登極説」の流布を否定することなく、それを社会一般の風潮として捉えながらも、「万民の教化」という側面を強調する形でその中身について語っていた点である。この発言が警察に向けられたことに関しては注意しておく必要があるが、いずれにしても当該期の信仰共同体の一面を表しているように思われる。この事件により約一カ月間、李承如とその弟子たちは過酷な尋問を受けたが、その後も弟子の数は増えていった。

このように、一九二〇年代初期に独立運動への仮託や志向という嫌疑で植民当局から弾圧された経験によって、むしろ民衆の間で支持と説得力を獲得し、その教勢の成長に繋がるというパターンが、当時の朝鮮の宗教にはしばしば見られる。金剛大道の事例も概ねこのパターンに該当していたが、このパターンで爆発的に教勢が伸びた普天教のように、カリスマ的な教主を信仰の中心に置き、強い結集力を持つというような様子は、未だ金剛大道には見られない。

上記の「甲子登極説」に対する金道明の理解もそうであったが、李承如とその共同体は聖人の存在とその教化については肯定的であった反面、そこから強烈な変革思想の要素をうかがうことはできない。例えば、一九一八年正月に弟子と問答を交わした際、金銭に銭と両と円とがあるのはどのような理由かと問う弟子の質問に、李承如は次のように答えている(64)。

此間、天地開闢、則ち天地一円の理がある故に、銭と両とを合わせて円を為すなり。曰く、天地開闢、幾何の定数がある乎。曰く十二万九千六百年が則ち天地開闢なり。曰く自前の天地開闢以後、今に至るに、十二万九千六百年に為る乎、曰く非ざるなり。只今は半円、天地開闢の運にあらず、但し水路開闢のみなり。曰く水路開闢、則ち帝王の頻革とは何ぞや。曰く十二万九千六百月が一機なり、十二万九千六百日が一運なり、十二万九千六百時が一世なり。故に十二万九千六百日、これ一運則ち帝王の家、難免変革。曰く享国八百年という者が有り、享国千年という者が有るが、此れは何故乎。曰く享国千年という者が有ると雖も、三四百年の間、或は兵革が有り、或は変乱が有るので、人種と各種を減損して人心を整理して運命を再建し、無晏然過千年或は八百年なり。

天地開闢の周期が一二万九六〇〇年であるという認識は、中国北宋時代の儒学者・邵雍の元会運世論の影響を受けたものである。ただ、いまは一回の天地開闢が起きてから半分の時間を経過したにすぎないため、天地開闢ではなく、「水路開闢」の運に該当するのだという。「水路開闢」とはすなわち「帝王の頻革」であるが、それは一二万九六〇〇日の一運であって、帝王が変革を免れ難い時期である。「鄭鑑録」類の予言書と風説は、朝鮮王朝の持続期間を「享国千年」「享国八百年」とする。しかし、「帝王の頻革」が生じる一二万九六〇〇日、つまり三、四〇〇年の期間は混乱が生じるため、平穏が八〇〇年ないし一〇〇〇年続くということは無い、といった理解を李承如は示す。

以上の引用によれば、李承如は当該期を帝王が変革を免れ難い運の時期、つまり「水路開闢」の時期だと認識していたことがわかる。とはいえ、李承如はあくまでも道徳の普及を通じた教化に教説の力点を置いている。それは李承如が、自らは「帝王事業」をなす者ではなく、「道徳事業」をなす者だと繰り返し言及していたことからも、うかがうことができる。

帝王事業は譬えると剣を含み跳躍する如し、道徳事業は例えば地を按じ游泳する如し(65)。

汝若し従師を欲せば、須らく真心修道すべし。吾は帝王事業をして乱離避禍などを云云する者ではあらず為、且つ道徳事業は譬えると按地して游水するのであつて、汝が吾門に於て従事するを欲せば、明倫扶綱を以て立志して成道立徳を以て準的を為し、期毌負吾誠懇之望すべし。蓋し禍福は天地神明に於て在り、指導汲引して之趨吉避凶を使うのは師に於て在り、佩服師訓して作善作悪は汝に於て在る。此時は最善悪を分別する浩劫の秋であり、汝若し心に銘ずると則ち流芳百世して福利子孫なるが、若し或いは不然、窮年従事と雖も、何所益有るか。(66)

善悪分別の時、則ち天壊ノ判異、於此於彼、何者が愚かに為る乎、実に笑わざる者は愚か為り。修道の方は信字が第一なり。(67)

すなわち李承如は、「最善悪を分別する浩劫の秋」「善悪分別の時、則ち天壊ノ判異」にあたって、ただひたすらに「明倫扶綱」の志をもって道徳を成立させること、そしてそのためにも「信字」を「第一」として「修道」に取り組むべきことを弟子たちに説いていた。「南遷」を断行する際に見られた皇人という自意識や宅地に関わる神異は、あくまでも教化のためのものにすぎず、したがって世俗的な秩序を脱した超越的存在への志向では決してなかった。しかし、こうした李承如の特徴は、同朋教会との合同を経ることで、少しずつ変化していく。

（二）同朋教会との合同

壬戌年聖師〔引用者註：李承如〕四十九歳　秋七月既望戊寅、新都内石橋里論山郡豆磨面に法堂が告成なり韓国式木造蓋瓦十四間。金仏一位を奉安して、真宗同朋教会の看板を掲げ、治療と教育の二部を設して済度教養の計を為す。弟子金貞黙を以て主幹にして以て之に居させた。蓋し、是時、日本政府が看板の承認せざらば則ち集会受訓を許さない故に、聖師、与世推移の意を以て教名を定めて看板を掲げた。此乃ち真実宗教を以て互相輔仁の義なり。(68)

金剛大道側の記録によれば、同朋教会との合同がはじまった直接的なきっかけは、一九二二年七月の新都内における新たな法堂の竣工であった。つまり、新都内豆磨面石渓里(69)における「韓国式木造蓋瓦十四間」がそれであるが(70)、同年八月に、新都内のある人物から「今の世態は俄然昔とは異なるために、以前のように静かに隠居する事は実に難しい。新都の金貞黙と協議して真宗に帰属するのが良くないか(71)」といった話を持ちかけられたようである。この話を受けて、同朋教会の金貞黙と協議を繰り返した後、同年一一月に真宗と合同することが決定されたのだという。

そもそも新都内法堂の築造は同朋教会とは無関係であり、その主な目的は前年の事件後に伸張した教勢を下敷きにして、象徴性の濃厚な新都内に本拠地を築くことであったと思われる。ただ当時、法堂のような宗教施設を建設するにあたっては、事前に当局に申し出ることが規則となっており、またこの頃「承認されてない看板〔引用者註：宗教〕は集会や受訓を許されなかった故」に、金剛大道は合法的な宗教組織である同朋教会とあえて合同する道を選んだ。

同年一一月二五日には、築造されたばかりの新都内法堂で大総会が開かれている。新都内法堂は外に同朋教会の看板を掲げ、全一四間の中で五間二列を法堂として使い、教育部と治療部の両部を置いた。人事に関しては、金貞黙が主幹となり整理教務の任を務める一方、李承如が説法を担当するとい

う体制が構築された。説法の際には「日本僧釜田者」、つまり釜田義慶も参加していたという。(72)

以上の経緯を見る限りでは、なぜ同朋教会側が金剛大道を受け入れたのかという疑問が生ずる。もしかすると、法堂を新築し得るほどの資金力を有する植民地朝鮮の民衆宗教との合同は、とりわけ「鮮人善導」を目標に掲げていた同朋教会側にとっては良案だったからなのかもしれない。一つ気になるのは、当時の宗教を管轄する法令「布教規則」に沿って提出された届出が公示された『朝鮮総督府官報』において、同朋教会に関わる届出は、一九二〇年二月の「布教所設立届出」、および一九二一年二月九日の「布教担任者選定」の二件のみだった点である。新法堂が竣工した一九二二年の七月から大総会を開いた一一月の間に、新法堂が同朋教会の名義で申告された事実を『官報』上から見つけ出すことはできない。このことは、一九二〇年二月の「布教所設立届出」当時に、すでに同朋教会と金剛大道との間の合同が成っていたか、もしくはこの合同が公式的な手続きを踏まない、一種の方便的なものであった可能性を示唆する。しかし、残念ながらこの真相は不明である。

(三) 金剛大道の近代宗教化および同朋教会との分裂

いずれにせよ、この合同をめぐる両者の利害関係は、必ずしも完全に合致していたわけではなかった。したがって、そこにはいつでも分裂に至る危険性が内包されていた。にもかかわらず、同朋教会は法堂と資金力という利点によって、そして金剛大道は認可された宗教に所属することで活動の幅が拡大するという利点によって、約四年間にわたる合同を続けた。興味深いのは、金剛大道がまだ李承如を中心とする信仰共同体としての内実を保っていなかった点である。よって、同朋教会と金剛大道との間で生じた葛藤も、より複雑な様相を呈していくこととなる。

一九二二年から二七年にかけて、金剛大道では李承如の手により次々と経典が完成し刊行される一方、様々な改革が行われ、淵源制を採択した組織が整備されるなど、教団の近代化が推し進められていった。まず経典の場合、一九二三年に『真宗宝鑑』上下巻、一九二五年に『玄化真経』、一九二七年に『清難経』が成った。ただ、この期間中の経典を金剛大道の経典としてのみ捉えることには、注意が必要である。その理由を、編集されていない当該期の原本が確認できる『真宗宝鑑』の事例を通して考えてみたい。『真宗宝鑑』は、弟子の金洛玄が序文を、金道明が跋文を付す形で、上下の両巻、全一五五章で構成されているが、一九二四年九月に上巻は真宗同朋教会分教所で、下巻は高章遠個人の手で印刷されている。

序文ではまず、風俗が乱れて僧侶の「経誦」も改善されない状況が久しく続くなかで、天運の循環によって「幸いに国家が開明する世に遭って、再び真宗が闡揚する日に遭う事が出来て人民の幸福がこの上なく大きい」として、「親鸞聖人の弘大な誓願と、七高僧が指導する聖意は、衆生に徳を及ぼし万世に功を加えるに、高くて大きい功徳は不可思量である」というように、親鸞とその功徳を讃えている。次いで、「尊師」である李承如の「仁慈」と「聖明」さを讃え、さらに彼の説法について、「口より筆で、筆より世に伝えるに、文套や筆法によってはその宜が間違っている場合も多い。道の真理や善か否かの工夫は悉く編中にある故に、ただ同朋が編中を詳細にみる事を願う」とし、同書の目的が李承如の説法内容を正しく伝えることにあるのだとする。そして、「誠敬一心」による「南無阿弥陀仏六字」の念仏を奨励している。全一五五章の中身に目を通すと、「修身」「孝行」「和親」といったような三綱五常的な教説に加え、仏教の教理や慈悲を論ずるなかで親鸞の徳を慕うものもしばしば散見される。注目したいのは、序文中の「出家仏法と在家僧侶は言雖殊而功成則一也」と、跋文中の「越自仏儒」という箇所である。

「序文」と「跋文」からは、弟子たちが「尊師」を崇め、「尊師」が説く「親鸞聖人」の「真宗」を讃える方法によって、「尊師」と「親鸞聖人」の両者を同じレベルに置いたのと同様、「出家仏法」と「儒」、「在家僧侶」と「仏」との間の乖離をも埋めようと試みていたことがうかがえる。こうした弟子たちの工夫こそ、当該期の状況を端的に示してくれるものであって、より精緻な検討を要するものの、これらの点に鑑みれば、『真宗宝鑑』はひとまず、金剛大道帰属以後の同朋教会における経典として位置づけてもよいのではないだろうか。

次に建物に関しては、一九二三年七月に金川里に二階建ての李承如の自宅と新しい法堂が次々と建てられ、李承如は金川を拠点として活動することになる。一九二四年には自宅の外舎廊が完成し、ここでしばしば講話を行うこともあった。続いて、金川法堂に典祀室を増築し、併せて宗務所を置いた。最後に組織整備については、一九二四年一一月、金川法堂典祀室の増築の際に館長・経理・監督を任命し、彼らを宗務所に勤めさせた。翌年の一九二五年三月には、宣化部三部を設置して各々一人の宣化司を置き、地方の弟子も淵源ごとに宣化部に統属させている。

金川法堂が建てられ、李承如が金川を活動の拠点としていた一九二四年、新都事業が上手くいかなかったために、金貞黙の要請により、李承如の義兄弟かつ最側近であった鄭泰鎔を金貞黙の代わりに主幹とすることになった。金剛大道のなかでは新都内法堂派が金川法堂派より多数派であったが、李承如は「新都は舎廊であって金川は内堂である。故に万事の規画は必ず内堂より出ずべし[73]」というような態度を示した。時間が経つにつれて新都内法堂派と金川法堂派との間の溝は深まったが、特に一九二四年冬頃には、李承如の妻の誕生日を迎えて金川法堂派が李承如をその実家のある金川に仕えさせようとしたことや、金貞黙が強烈に反対して李承如の金川行きを止めさせたこともあった[74]。この事件は、決して対等ではなかった金貞黙と李承如の間柄を示唆してくれているが、金川法堂派の弟子のなかには鬱憤の果てに金貞黙を殺そうとした者もあり、李承如がそれを引き止めたこともあった[75]。金川法堂派の金貞黙に対する怒りは、金貞黙が李承如からあらゆる財政的支援を受けているにもかかわらず、その恩恵を知らずに不敬な言動を取ったことに起因していた。例えば、金川法堂派の弟子のなかでもとくに金貞黙への反発が強かった憲明は、金貞黙に対して「汝が今論山と京城との間を、馬に乗って車に乗って頻りに往来するのは、誰の恩恵か」と問い詰めながら、「敢えて悖逆の言」を発したことを批判している。また、一九二三年秋には、金貞黙が教会を「興旺」するために「日本真宗東本願寺」に入ることを李承如に請願し、李承如がその旅費三〇〇円を李丙喆という人物から借りて、金貞黙に与えたことがあった[76]。李承如の命により李丙喆に金を借りに行った弟子の月能は、金貞黙が以前にも同様の口実で李承如から下賜金を得て浪費したことを耳にして不満を持っていたが、今度も金貞黙がそのお金を他の用途に使ったことに気づいた。憤慨した月能と李丙喆が金貞黙を清州署に起訴し、金貞黙は間もなく同署に逮捕された。その報せを聞いた「日本僧釜田」が警察と協議して、また李承如が出席して事情を説明し懲役を免れたことがあった。この金貞黙の逮捕事件は、朝鮮布教の難しさを吐露した義慶と金貞黙の回顧とは異なる一面をうかがわせるものだろう。

このように、金川法堂派と新都内法堂派が反目し合うなかで、金貞黙らの同朋教会が李承如の権威に挑戦する状況が続いたが、李承如の言説にも少しずつ変化が生じていく。すなわち、自分を超越的な存在＝「人仏」と規定し直した上で、「十百の善」を行うよりも師に「一拝」することがより重要であるという発言が登場しはじめるのである。

甲子年八月八日、聖師、下教して曰く、循序を失う勿れして汝が所聞の言を言えと。伊時、諸人、皆各所聞の言と秘訣を言い、順番が当錫泰となり。告して曰く、別無所聞と。曰く、汝亦聞く所有るや。須らく固辞勿れ。〔引用者註：当錫泰が〕曰く、かつて聞た所が有るが、清州に居る南相局が曰うに忠北忠南乙乙の間、錦屛山下牛渓村一区田、一端士があり、人仏能言と。聖師、之を聞き、巡番の言う所を中止させて仍に下教曰く金剛道師は何処に在るや。行尽江南洞庭梅、八士五士重天緑、南宮得道第一仙、三十六宮七十二通理君子百八十士、採芝登山小天下、九千八百古名過、仍に下厳命曰く金剛道師、非人仏而何乎、汝等が更将何処で之を求める乎、且つ慎口を以て之を戒めるに、諸人が皆惴れ惴れ、敢えて頭を挙げざるなり。(77)

十百の善を行うと雖も、汝の師に一拝する事と不如、汝等が若し修道を欲せば、必ず有滋味於て一終食、可也。先天が後天と為り、乾南坤北离東坎西玄玄微微の理気を世人誰が之を能く知るか。(78)

一九二六年春には、数年間続いた弟子たちの確執が頂点に達し、その結果、同朋教会との関係が破綻に陥る。すでに同朋教会と金剛大道の合同組織は、新都内法堂派と金川法堂派に分かれていたが、金川法堂派は「新都内法堂を日本部とは雖も、振興の兆しが皆無で唯財政が消滅される弊害があり、長く続ける事は保証出来ない」という理由に基づき、新都内法堂の維持に懐疑的な姿勢を取っていた。金川法堂派には関聖教を信奉する者が多かったが、分裂当時「関聖教人は少なく、真宗教人は多い」[79]といわれるほど、規模の面においては新都内法堂派が優勢であったようである。

内紛の渦中にあって、金川法堂派であったある弟子が「神明之感応」をし、新都内法堂派のほかの弟子を地に伏せさせる事件が起きた。神がかりしたその弟子は、自らを関聖帝君の長子と名乗り、新都内法堂派が「汝聖の教化の厚恩を知らないのか」という警告の言葉を発した後に、続いて次のように語った。「世間は皆私の祖先である関聖帝君を以て唯忠義の名将として認めて聖神である事は知らないが、汝の聖師も天と人の理に通貫して聖神である事が証明できるのに、若し聖人でなければどうして此の如きであろうか[80]」。

この事件が収まった直後、金川法堂派の主導のもと、関聖教支部の看板を掲げることとなるが、そのことだけをもって、金川法堂派が関聖教信仰のために新都内法堂派と対立したと断定するのは早計だろう。なぜなら上述したように、この共同体が関聖廟からの書籍で得たのは、関聖信仰よりは聖人としての李承如への確信であり、また神がかりした弟子が発した警告も、関聖帝君の権威を借りて、李承如が「聖神」であることを述べようとしたものと読み取ることができるためである。実際、同朋教会との決別以降、関聖教支部に属した期間は一年足らずであり、一九二七年二月には、ついに「金剛大道」と教団名を改めるようになる[81]。ここにようやく、李承如を信仰の中心に置いた、より堅固な信仰共同体が誕生することとなったのである。

おわりに

同朋教会側は、金剛大道から得た財政支援および新都内法堂の存在を基盤とし、一九三〇年には「吾派にとつて鮮人のみの信徒僧侶によつて出来た唯一の又最初の布教所であるのみならず仏教徒として内容組織共に備つたものとしては恐らく之が最初のものであると云つて差支へない(82)」として、真宗大谷派新都内布教所に発展した。当時、大谷派の監督部は新都内布教所に「第一鮮人布教は鮮人の手によること、第二将来は一部落一布教所の方針を実現せしむる為に新都内布教所はその試作田なること」という方針を立てたが、その「試作田」の詳細については今後の課題としたい。かかる詳細を知るためには、一九三四年から三六年の二年間に開設された一〇カ所の新都内布教所出張所にも、注目していかねばならないだろう。

一方、金剛大道側にとっては多大な財政的損失ではあったものの、同朋教会との合同過程は信仰共同体としてのアイデンティティーを確立してゆく過程(83)であり、また同時に近代的な体質へと再編されていく過程でもあった。同朋教会への合同中に生じた諸々の緊張関係や葛藤、そして組織の体系的な整備、経典発行の経験などは、金剛大道の近代宗教化に決定的なきっかけを与えたと考えることができよう。

註

（1）本章では、植民地期にかけて活動した李承如とその信徒たちが形成していた信仰共同体を指す名称を「金剛大道」に統一する。実際のところ、李承如の信仰共同体が金剛大道という教団名を掲げたのは、真宗同朋教会との約二年間の合同が破局した一九二五年頃であった。それ以前は、「同朋教会」「関聖帝君教（燕岐支部）」を名乗っていた（村山智順『〔朝鮮総督府〕調査資料第四二輯朝鮮の類似宗教』〈朝鮮総督府、一九三五年〉）。本章では便宜上、金剛大道の名称に統一するが、必要な場合は以前の教団名も併用する。

（2）釜山に開設された真宗大谷派東本願寺の釜山別院については、河島研習『釜山と東本願寺』（大谷派本願寺釜山別院、一九二六年〈引用は中西直樹編・解題『仏教植民地布教史資料集成』第五巻［三人社、二〇一三年］〉を参照）。

（3）真宗大谷派の朝鮮布教に関しては、韓哲曦『日本の朝鮮支配と宗教政策』（未來社、一九八八年）。中西直樹『植民地朝鮮と日本仏教』（三人社、二〇一三年）といった研究がある。

（4）大澤伸雄「東学党系水雲教の真宗大谷派への帰属と抵抗」（『桜花学園大学人文学部研究紀要』八、二〇〇五年）。

（5）青野正明『植民地朝鮮の民族宗教――国家神道体制下の「類似宗教」論』（法藏館、二〇一八年、初版は『朝鮮農村の民族宗教――植民地期の天道教・金剛大道を中心に』〈社会評論社、二〇〇一年〉）。

（6）植民地朝鮮において展開された真宗大谷派の「向上会館」と浄土宗の「和光教園」に関しては、諸点淑『植民地近代という経験――植民地朝鮮と日本近代仏教』（法藏館、二〇一八年）が詳しい。

（7）藤波大圓「振はない各宗派の事業と超宗派的団体の活躍（朝鮮地方視察記五）」（『真宗』三一一、一九二七年九月）。

（8）栗田恵成「更刊之弁」（『覚醒』一三（一）、一九三二年一月）。

（9）釜山・京城・新義州・平壌・龍山・仁川・元山・群山・全州・論山などの地域を訪問し、一九回の講話を行った。そのほか、李王家・総督府・各種学校・向上会館・刑務所も訪問した（諸点淑註(6)前掲書、二二六頁）。

（10）中西直樹註(3)前掲書、二二七頁。

（11）竹中慧照「朝鮮開教私見（一）」（『中外日報』一九二九年一〇月六日）。以下同。

（12）同前。

（13）竹中慧照「朝鮮開教私見（四）」（『中外日報』一九二九年一〇月一〇日）。「昨年、京城に於ける仏蘭西人経営のカソリック協会を参観した。カソリック教特有の荘厳を極めた高荘な赤煉瓦の建築、中央にはマリアの象を安置し、これを中心とせる祭壇を正面に五百人余の男女の鮮人がぎつしり詰まつてゐた〔中略〕この時、私は音楽と声明と儀式とは、それ自体が偉大なる伝道であることを直感せられたのである」。

（14）윤용혁「鶏龍山の沿革と歴史」（忠清南道『鶏龍山誌』一九九四年）。

（15）黄仁大「新都内、新都、地名伝説研究」（忠南大学校文学碩士学位請求論文、二〇一六年）。

（16）金正仁「日帝強占期鶏龍地域と民族宗教運動」（『충청문화연구』一一、二〇一三年）。허남진「韓国新宗教聖地の様相と特徴」（『한국종교』四二、二〇一七年）。

（17）李覚鐘「朝鮮の迷信と鶏龍山」（『朝鮮』一一二、一九二四年八月）、一一六頁。

（18）軽部慈恩『忠南郷土誌』（公州公立高等普通学校々友会、一九三五年）、七三頁。

（19）村山智順註（1）前掲書、九四三頁。

（20）善生永助編『朝鮮の聚落』前編（朝鮮総督府、一九三三年）、二五四〜二五五頁。本文中で触れた忠清南道論山郡の鶏龍山新都内のほかに、全羅北道井邑郡井州邑の普天教本部付近の同信者による信仰村、大田郡銀屏山麓における水雲教信者の集団部落も「迷信聚落」の事例として挙げられている。

（21）当時の成人男性の職業構成は次の通りである（内務警務局編『民籍統計表』〈内務警務局、一九一〇年〉、七一頁に拠る）。

官公吏	両班	儒生	商業	農業	漁業	工業	鉱業	日稼	無職	計
2	252	7	28	449	0	3	0	37	6	784

（22）『新都内写真』の新都内警察官駐在所（石渓里）の写真に、「大正十年十月一日設置ス　定員内鮮人巡査各二名」と付記されている（本書付録の写真2）。

(23) 朝鮮総督府編『朝鮮部落調査予察報告　第一冊』（朝鮮総督府、一九二三年）、二〇頁。
(24) 春坡「両湖雑観」（『開闢』二八、一九二二年一〇月一日）、九三頁。
(25) 善生永助編註(19)前掲書、二五三頁。
(26) 「朝鮮通信」（『真宗』三五二、一九三一年二月）、二〇頁。以下同。
(27) 同前。
(28) 一九三二年七月三日に「布教担任者届」を、同年九月一七日に「布教届」を提出したことが確認される（『朝鮮総督府官報』一八一〇、一九三三年一月二三日。以下、『官報』）。
(29) 『官報』第二三〇五号、一九三六年四月二〇日。
(30) 大澤伸雄註(4)前掲論文参照。
(31) 『官報』第二六一二号、一九二一年四月二八日。
(32) 大谷派本願寺朝鮮開教監督部編『朝鮮開教五十年誌』（大谷派本願寺朝鮮開教監督部、一九二七年〈中西直樹編『仏教植民地布教史資料集成〈朝鮮編〉』第五巻［三人社、二〇一三年］、一〇九頁〉）。
(33) 「同朋教会 기념식」（『毎日申報』一九二四年五月一八日）。
(34) 木原孤城『忠南論山発展史』（木原準一郎、一九一四年）、二六頁。以下の引用も同書同頁による。
(35) 「一鮮人の得度受式」（『真宗』三三八、一九二九年一二月）。ここで金貞黙は、真宗同朋協会主事として教育に携わっていると紹介されている。
(36) 一九三四年八月七日、忠清南道論山郡蓮山面天護里に設立。以下、各出張所の設立日と所在地は「布教担任者選定届」の記述を基準とする（『官報』二三三二、一九三四年一〇月五日）。
(37) 一九三五年九月一二日、忠清南道論山郡可也谷面山老里に設立（『官報』二六四九、一九三五年一一月一一日）。
(38) 同日、忠清南道燕岐郡西面薪洞里に設立（同前）。
(39) 一九三五年九月一五日、忠清南道広州郡鶏龍面下大里に設立（『官報』二六八二、一九三五年一二月二〇日）。
(40) 一九三五年一一月二〇日、忠清南道舒川郡時草面草峴里に設立（『官報』二七〇九、一九三六年一月二七日）。
(41) 一九三六年一月二九日、忠清南道論山郡魯城面松堂里六に設立（『官報』二七八三、一九三六年四月二五日）。

(42) 同日、忠清南道大徳郡杞城面黒石里六二に設立（同前）。
(43) 同日、忠清南道鎮岑面城北里三六に設立（同前）。
(44) 一九三六年二月二七日、全羅北道錦山郡錦山面陽田里一三一に設立（『官報』二八〇四、一九三六年五月二一日）。
(45) 一九三六年五月三一日、全羅北道金堤郡萬頃面火浦里三八五ノ二に設立（『官報』二八五九、一九三六年七月二四日）。
(46) 金貞黙「朝鮮仏教の現状と我が真宗伝道の苦心」（『覚醒』一八（三）、一九三七年三月）。
(47) 大谷派本願寺朝鮮開教監督部編註(30)前掲書、一一〇頁。
(48)「朝鮮通信」（『真宗』三五二、一九三一年二月）、二〇頁。
(49) 以下では、主に金剛大道の史料である崔東根編輯『聖訓通攷』と『土庵聖師図解聖蹟編年』（一九五六年刊行）を使用した。
(50)『土庵聖師図解聖蹟編年』上、九丁表。
(51) 同前、一一丁裏。
(52)『聖訓通攷』一、一丁表。
(53)『聖訓通攷』三、三七丁裏。
(54)『聖訓通攷』二、三三丁表。
(55) 以下、『土庵聖師図解聖蹟編年』上、二〇丁裏〜二一丁表。
(56) 김경숙『朝鮮の墓地訴訟』（문학동네、二〇一二年）、五二・七七頁。
(57)『聖訓通攷』三、二丁裏。
(58)『聖訓通攷』二、五丁表。
(59) 同前、九丁表。
(60)『聖訓通攷』三、七丁表。
(61)『聖訓通攷』二、一九丁表〜同裏。

(62)『土庵聖師図解聖蹟編年』上、一三丁裏。
(63)同前、三三丁表。
(64)以下、『聖訓通攷』三、三七丁裏〜四三丁裏。
(65)『聖訓通攷』二、五丁表。
(66)同前、三丁裏〜四丁裏。
(67)同前、四三丁裏。
(68)『土庵聖師図解聖蹟編年』上、三五丁表。
(69)上記の引用文では石橋里となっているが、石渓里の誤植である。
(70)以下、同朋教会と金剛大道の合同から分裂に至るまでの過程については、特段の言及がない限り『土庵聖師図解聖蹟編年』上下を参照した。
(71)『聖訓通攷』一、三丁裏。
(72)同前、一九丁裏。
(73)『聖訓通攷』二、二一丁表。
(74)『聖訓通攷』一、一九丁裏。
(75)同前、一九丁裏。
(76)同前、二九丁裏〜三一丁裏。
(77)『聖訓通攷』二、二丁表〜同裏。
(78)同前、四丁裏。
(79)『聖訓通攷』一、二一丁裏。
(80)『土庵聖師図解聖蹟編年』下、四四丁裏。
(81)『朝鮮の類似宗教』(村山智順註(1)前掲書)に掲載されている金剛道宗憲については、「道ノ本ハ其師ヲ得タル後世人ニ伝フベシ、故ニ李土菴(道主李尚弼)ノ道号ヲ借リテ以テ金剛道ト称ス」というように、改めた教名が記されている。一方、同書を書いた村山智順は、おそらく教団関係者による説明だと思われるが、その由来について次のように述べている。「この金剛道と称する道名は、李尚弼の名づけたもので、金剛は心の義であり、心は仏教に金剛、仙に霊宝、儒に活然と云ふが、本道ではこの三道をそれぐ心・性・体として統合するが、就中仏を主とするが故に金剛道としたのである」(同書、三九三頁)。

(82)「通信」(『覚醒』一三(七)、一九三二年七月)、三〇~三一頁。

(83) 이재헌「金剛大同の制度化過程」(『신종교연구』三一、二〇一四年)。

終章

一　一九二〇～三〇年代の「鄭鑑録」と民衆宗教

一九二〇年代に入ると、「鄭鑑録」は、知識人と植民当局が民衆宗教を批判する際の論拠として用いられるようになる。加えて、民衆宗教が他の民衆宗教を攻撃する際にも、「鄭鑑録」が論争の的となった。こうした状況は、一九二〇年代の迷信打破運動とも相関的なものであったが、[1]とりわけ近代宗教を標榜した天道教の事例から、そのことを顕著にうかがうことができる。

三一運動以後、当局による天道教の取締りが強化され、連日にわたって幹部および教徒が逮捕される一方、新たに植民地朝鮮の宗教界で台頭してきたのは、飛躍的な教勢拡大をなし遂げつつあった普天教であった。このような状況は当然、天道教の立場を危うくするものであった。そこで天道教は、自らが近代宗教であることを標榜しつつ、普天教に対して攻撃を行っていった。

天道教教理の近代化を主導した李敦化は、「鄭鑑録の迷信こそが朝鮮特有の迷信[2]」であるとする認識を示す。その上で、普天教は「朝鮮社会の病的欠陥」を代表するものであるとし、「未開と野蛮」の政治的な迷信、すなわち「鄭鑑録」に立脚するものにほかならないとする批判を展開した。[3]とはいえ、こうした「未開と野蛮」の「鄭鑑録」を利用する低俗な宗教という烙印は、実のところ天道教が継承した東学の時代からすでに存在していたものにほかならず、実際、天道教自身も同様の批判に晒されていた。さらに、こうした主張は、天道教内部における新派と旧派との間の対立の際にも、新派による旧派批判の重要な論拠となっていた[4]。また、一九三〇年代に天道教を対象として展開された社会主義陣営による反宗教運動の際にも、かかる主張が展開されていた[5]。

植民地朝鮮の民衆宗教にとって、「近代」が招来した新たな環境、すなわち「宗教的自由、政教分離、宗教との競争、近代／前近代、文明／非文明、宗教／迷信、公認宗教／類似宗教といった二分法的な枠組み」は、確かに危機であった反面、過去の不振を清算して朝鮮社会で新しく認められるチャンスでもあった[6]。とりわけ、天道教のような「類似宗教」にとっては、自由な活動を保証された公認宗教へと昇格するためにも、自らを完全な近代宗教へと変貌させることは重要な課題であった。しかしながら、彼らが公認宗教化されることは実際にはなく、またそのことは想定すらされていなかった。「類似宗教」に与えられたのは、あくまでも朝鮮社会における公認に類する地位でしかなかったのである。そして、それは必然的に、彼らを民衆から乖離させてしまうという矛盾をも抱え込んでいた。

このように、民衆宗教が自らの手によって「鄭鑑録」信仰の排除を断行していくなか、一九二八年五月四日と五日の夜明け頃、ある興味深い事件が発生する。それは、全国で同時多発的に怪文書が出回るという事件であった[7]。新義州の公園、水原の井戸、宣川の電柱から発見されたその怪文書は、木版活字で印刷されたものであり、いずれも封筒に入れられていた。内容は「総督府政治の指揮に抵触するもの」で、新義州で発見されたものは呪符に近いものであったという。一方、宣川のものは、半紙一枚の紙にハングルの木版活字で印刷されたもので、「太上天印」の印章が押されており、その印章の四方には「弓乙」が描かれていた。この事件の捜査に当たった警察は、「鄭鑑録」などを信奉する旧思想の持ち主が犯人であると断定したようである。「鄭鑑録」をモチーフとした怪文書が出回ったというこの事件は、当該期における「鄭鑑録」の影響力というものを、ある意味で象徴しているのではないだろうか。

一方、一九二〇年代に、興亜主義者・末永節が満州を舞台に唱えた「大高麗国」構想においても、「鄭鑑録」の利用が見られる。[8] この構想の基本的眼目は、抗日運動が最も活発だった満州地域の独立運動家を懐柔すると同時に、満州に日本帝国の緩衝地帯を設けることにあった。

末永は、「青己尹人魚鳥」「方夫入戈十一寸膏粱」「白鶏口十茄藿」という三つの予言に対する解釈を行っている。まず一つ目の予言については、これを「伊藤〔引用者註：博文〕公が一進会を率ひて政治を取つた」過去として捉え、次いで二つ目の予言を「明治四十三年に寺姓の人即ち寺内〔引用者註：正毅〕大将が貴族を率ひて政治を取る」と解釈した上で、さらに三つ目の予言は未来のことを指すのだとして、具体的には朝鮮公使館顧問兼通訳の山崎英夫による解釈を紹介している。山崎は、この三つ目の予言を「辛酉の歳即ち大正十年に田姓の人が儒林を率ひて政治を取るといふことになる」と解釈し、それは台湾総督の田健次郎のことを指すのだと説いていた。[9]

また、一九二九年には、黒龍会系の興亜主義者が創立した内鮮融和運動団体である同光会朝鮮支部の支部長・李喜侃が、大本の出口王仁三郎こそ「鄭鑑録」の真人であるとする趣旨の書簡を内田良平に送っている。この書簡は、大本の外郭団体であった人類愛善会が発行していた機関紙『人類愛善新聞』の紙面において、大々的に取り上げられた。ただ、この背景にはある思惑が存在したと考えられる。

李喜侃は確かに、「鄭鑑録」における「真人出於海島中」という予言を、「預言中の海道とは日本々島と致候、然るとすれば当世偉人出口氏は預言中の真人」と解釈し、出口王仁三郎を真人と捉えていた。ただ、ちょうどこの頃、黒龍会系の興亜主義者たちが仲介役となることで、同光会と大本との間のネットワーク形成が進んでおり、そうしたなかで東亜連盟の構想が共有されていた。要するに、こうした構想のもとで、「出口先生と連結し朝鮮に於てその直系の教徒を募ると共に諸団体と連盟し運其の宣敷を得ば大衆を為すこと難からざる」というような思惑が働いていたと考えられるわけである(10)。

一九三〇年代から四〇年代にかけても、依然として「鄭鑑録」は朝鮮社会で大きな影響力を持ち続けていた。ただ、様々な要素が絡み合うなかでその実相は複雑を極めており、全体像を把握することは容易でない。そこで以下では、暫定的な報告として、ひとまず目に留まった事例だけを列挙するに止めたい。

一九三〇年代には、農村振興運動や心田開発運動が展開されるなか、一九三六年の普天教解散を皮切りに、多くの民衆宗教が解散に追い込まれた(11)。にもかかわらず、解散を余儀なくされた教団の再建の試みや、新たな宗教結社を作ろうとする動きが途絶えることはなかった。こうした動きは、日中戦争の勃発によって、より一層の活気を帯びたが、そのほとんどは終末論的な世界観と真人の大望という、「鄭鑑録」の影響圏内にあった。

一九三三年に露見した朴技英らによる秘密結社は、「鄭鑑録」の「土價如糞、馬千牛腹」という予言を、世界大戦が勃発し、それが一〇年間続くというように解釈した[12]。この世界大戦に日本は敗北し、それによって朝鮮は独立すると信じた彼らは、それに先立つ独立運動を支援するための結社を結成した。結社の本拠地を、「十勝地」の一つである尚州郡化北面中代理の一名牛腹洞に置いた彼らは、一九三〇年五月には、人材を養成するという名目で結社式を挙行し、次いで総指揮部・活動部・教育部・援助部を設置した。当局は、彼らが表面上は寺刹を立てて僧侶の格好をしているが、実際には将来朝鮮に君臨すべき鄭氏を崇める集団であるとして、取調べを行った。もっとも、当局の取調べによれば、この結社の構成員は僅か四、五人程度だったという。

一九四二年に逮捕された張竿植、および彼の信仰共同体は、当時の民衆が「支那事変」の勃発をどのように理解していたのかを端的に示してくれる興味深い事例である[13]。忠清北道堤川郡出身の貧農であった張竿植は、李圭尚という人物から漢文を習っていた。その李圭尚は張竿植に対し普段から、「鄭鑑録」によれば一九四〇年に朝鮮は独立し、鄭氏が王となるが、その際には漢文を習得した者が高官になるとされている、という話をしていた。やがて両者は、ともに山中にこもり「鄭鑑録」の研究に没頭していった。そうした「鄭鑑録」研究の甲斐あってか、張竿植は「支那事変」をめぐる様々な予言を行い、その多くを的中させたことで、周囲からの信望を得るに至った。例えば彼は、「支那事変」は日本が中国の国土と財産を奪おうとする野心によって起こった戦争であるとした上で、他人の命を奪えばいつか自分も殺される運命になると説き、周囲の人々に対し、志願兵募集に応じずに山中に移住すべきことを勧めていた。

全羅南道求礼郡出身の徐韓春は、一九三三年から甑山教を信仰していた。ただ、それを隠すために、本籍地には九星寺を建立して表面上は仏教を装っていた。[14] 彼は、「真人海島説」を甑山（姜一淳）に結びつけることで、甑山が実は生存しており、朝鮮の独立を準備しているという説を主張していた。その内容は概ね以下のようなものであった。甑山は現在、南海の光徳島という島で弟子の鄭龍宮・裴徳八・趙項雄とともに念仏に専念しており、仏紀三千年に当たる三三年後の旧暦一二月二六日には、弥勒仏となる。そして、弥勒仏となった甑山は九星寺に現れるが、その際、弟子の鄭龍宮が鶏龍山で朝鮮王位に就き、甑山教徒は官吏となる——このような説を展開していたのである。

一九二六年に殷世龍らが組織した黄石公教（後に黄極教に改称）は、鄭海桃という架空の人物を教祖に据えるとともに、その鄭海桃が天命により庚辰年庚辰月庚辰日庚辰時（一九四〇年陰暦三月一五日に該当する）に、鶏龍山で朝鮮国王の位に就くと説いていた。[15] 教祖の鄭海桃は、時期が来るまではスイスで亡命生活を送りつつ、朝鮮独立の準備に取り組んでいるのだとされた。この黄石公教では、天書の呪文を唱えれば「天地水災」といった「三災八難」を免れることができるのだと説かれていた。また、経典の『黄石公素書』では、信・愛・敬が教義の基本とされており、天祭を挙行して黄石公および天地人神に対し朝鮮独立を祈願することや、高麗の忠臣・鄭夢周ほか数十名に対する受霊祭を行うことが、主な活動内容となっていた。一九三六年一一月には、元普天教幹部の金判奉もここに入信している。[16]

太極教は、一九三四年に林一奉が「太極聖君」から神意を伝授されたことにはじまる教団である。[17] この太極教では、「利在弓弓乙乙」の予言を太極の形に解いており、また旧韓国旗を模倣した太極図と紙製冠を身に着けて、「太極聖君」に拝礼する儀式を行っていた。儀式においては、参加者の一人が最初に「弓」の一文字を先唱し、続いてほかの教徒が手を挙げて合唱しながら「乙」と唱え、そして頭を下げて太極を崇める行為を三回繰り返した後に、前もって作成しておいた呪文を唱えたようである。

元普天教徒の南商弼は、「鄭氏鶏龍山に登極後に於ては儒仏仙の中仙道のみ布教する」として仙道教を立ち上げているが、彼もまた「鄭鑑録」に基づく予言を行っていた。例えば、一九三九年陰暦九月以降、「支那事変」において日本が敗北するというような予言を行っていた(18)。

同じく元普天教徒の姜昇泰が一九三六年に創始した無極大道教においても、庚辰の年が強調されていた。この無極大道教では、「庚辰の年庚辰の月庚辰の日庚辰の時」に鄭桃海という真人が現れると説かれた。この真人は、鶏龍山で王位に就くとともに、世界を七二カ国に再編し、もって全世界を支配するものとされた。またその際には、各国の皇帝は一王侯に格下げされ、鄭氏のもとに朝貢することになるのだとされた(19)。

極めて断片的な情報しかないものの、忠清北道報恩郡に住むフンチ教信者の李鍾玨もまた、以下のような説を展開していた。「鄭湛《ママ》録ニ依レバ李王家ノ運命ハ余ス処一一年ニシテ、此ノ期ヲ逸スレバ鄭氏鶏竜《ママ》山ニ奠都シ李王家ハ絶滅スルニ至ラム。今幸ニシテ英親王〔李王世子〕内地ニ御在学中ニシテ、近ク皇族ト御結婚アラセラルル由ナレバ、此ノ機ヲ逸セズ英親王ヲ朝鮮国王ニ仰ガムコトヲ哀願セバ目的ヲ達スルコト容易ニシテ〔後略〕」。ここからも、「鄭鑑録」の影響をうかがうことができよう。

植民権力は、「鄭鑑録」を公開することにより、その根絶を図った。しかし、その意図とは逆に、活字本という形で比較的容易に「鄭鑑録」に接することができるようになったことで、むしろ新たな信奉者を生むというような事態も生じていた。一九四二年に、日本の敗戦を予言する不穏な言動をとったという嫌疑で逮捕された、江原源吉の事例を見てみよう。[20] 忠清南道洪城郡に住んでいた江原源吉は、一九二五年の春に町の市場で『鄭鑑録』刊本を入手し、それを読んだことで「鄭鑑録」を信じるようになっていた。そして、一九四〇年代には、総動員体制下にある日本の現状に対し、以下のような主張を展開していた。「日本ハ今、新嘉坡モ仏領印度モ占領シテ、大東亜建設着々進展シツ、アルモ、鄭鑑録ノ秘訣ニ依レハ、今カラ十年後ニハ公州鶏龍山麓新都内独立スルヤウテアル。又同秘訣ニ今来中天災及蟲毒ガ酷イトアルカラ、日本及将来如何ニナルカ疑問アル云々」。このように、対米英開戦直後、南方へと侵出しつつあった日本の現状を、「鄭鑑録」の予言に基づいて批判していたのである。

最後に、宋顕台の事例に触れておく。京城基督教青年会夜学部を中途退学し、府内で印刷職工として働いていた彼は、一九四三年から四四年にかけ、自身の周囲の人々に対し、「鄭鑑録」と「十勝地」に関する虚偽事実を流布した嫌疑で逮捕されている。[21] 彼は、一九四三年一月に母から『鄭鑑録』の写本を貰い受け、その説明を聞いたことで、深く心酔するようになったのだという。また、彼の周囲には同書の閲覧を希望する者もいた。そのため彼は、そのような人に対しても『鄭鑑録』の写本を貸し与えていたのだという。おそらくは何の前提知識もない一九四〇年代の民衆にとっても、「鄭鑑録」は魅力あるものだったということを、この事例は示してくれているのではないだろうか。

一方で、植民地朝鮮にあって「鄭鑑録」は、単に民衆の朝鮮独立への待望という形だけでは捉えることのできない、複雑な利用のされ方をしていた。「鄭鑑録」は民衆の間で強い影響力を有していたがゆえにこそ、植民権力側もまた、これを利用することで自らの統治を正当化しようとしていた。加えて、植民権力のみならず、興亜主義者たちによっても、自らの構想にとって好都合な形で「鄭鑑録」は利用されていた。「大高麗国」構想は、その最も顕著な例であろう。

そして、「鄭鑑録」の利用はまた、かかる排除といった否定的側面からも多分になされていた。国権回復を目指した朝鮮知識人たちにとって、「鄭鑑録」が排除すべき迷信にほかならなかったことはいうまでもないが、そうした「鄭鑑録」に基づく教理を形成していたはずの民衆宗教側もまた、他の民衆宗教を批判する際の論拠として、「鄭鑑録＝迷信」という主張を展開した。わけても天道教は、一九二〇年代以降、急速に教勢を拡大しつつあった普天教を批判する際や、あるいは教団内部での対立の際にも、この論法を積極的に使用していた。無論、ここに、近代宗教化をなし遂げることにより公認宗教化を果たさねばならないとする（もっとも、実際にはそれは不可能だったわけだが）、植民地下における「類似宗教」が抱えていた課題が横たわっていたことは、言を俟たない。

このように「鄭鑑録」は、植民地朝鮮において種々の思惑が複雑に絡み合いながら、民衆ないし民衆宗教のみならず、様々な勢力によっても利用されていた。上記の事例は、その一端でしかないが、これらは、「鄭鑑録」が植民地朝鮮の思潮全体を裏側から映し出す、一種の鏡のような存在であるということを、示してくれているのかもしれない。

二　まとめと課題

これまで本書は、植民地朝鮮における民衆宗教を、民衆宗教の形成と発展に至大なる影響を与えた終末思想と、その影響を受けた民衆宗教教団（普天教・金剛大道）の歴史的展開を軸としながら追跡してきた。以下では、本書の議論を整理しておく。

第一に、植民地朝鮮の民衆を強く規定し、当該期の民衆宗教にも多大な影響を与えた予言書「鄭鑑録」は、果たしてどのようにしてそこまで民衆の間で影響力を得ることができたのか。もちろん、李氏王朝の滅亡とそれに代わる新たな鄭氏王朝の成立といった「鄭鑑録」のナラティヴを、民衆が植民地支配の終結と朝鮮の独立に読み替えていったことが最大の理由であろう。だからといって、「鄭鑑録」はナショナリズム的な側面のみを持っていたわけではなかった。「鄭鑑録」から影響を受けて触発された前近代の反王朝運動は、朝鮮王朝の影響が及ばない、北方領土や海などの「外部」に対する想像力を基盤に、反王朝の論理と根拠を主張した。このように、予言の反体制性は、「外部」の思想や様相に容易に結びつけていく傾向があったが、こうした予言の拡張性が重要であると思われる。第一章で確認したように、一九〇〇年代から一九一〇年代までの予言では、大きな枠組みでは循環論的な歴史観に基づいて到来するユートピアという言説が維持されながらも、その細部ではキリスト教や新しい統治者となった日本など外部の異質な要素とも結合する様相を見て取れる。

こうした予言の拡張性を警戒した植民権力は、「鄭鑑録」異本の蒐集と比較・対照を通じて活字化した『鄭鑑録』を世に公開し、正本を確定した。第二章で追跡したように、在朝日本人の朝鮮研究といった大きな流れの中で、「鄭鑑録」は蒐集・編集されていく。その過程で、朝鮮総督府・在朝日本人・朝鮮の知識人・民衆（宗教）といった四者の間に複雑な言説の競合関係を発生させ、それが結果的には民衆宗教を取り巻く環境を強く規定していった。

このように、植民地朝鮮にあって「鄭鑑録」は、単に民衆の待望という形だけでは捉えることのできない、植民地朝鮮において種々の思惑が複雑に絡み合ったものであった。

第二に、朝鮮の民衆宗教（普天教・金剛大道）が、植民地宗教行政下での近代宗教化を目指す過程で、日本の宗教団体（大本・真宗大谷派）との間に築いた交流・提携関係を検討した。第三章では、植民地期の全時期を通じて圧倒的な影響力を誇った天道教を上回るほど民衆から支持を得ていた普天教が、全方位的な批判に晒されたことで孤立状態に追い込まれ、一九三六年には解散を余儀なくされるまでの過程を追跡した。その過程で、一九二四年前後に始まった、普天教と大本との交流についてもその内実に迫った。両者の交流は、大本が保有した人脈の仲介によって朝鮮総督府との関係改善を狙った普天教側と、普天教の資金力と信徒を利用することによって朝鮮での布教を進めようとした大本側との利害関係が合致していたことによるものであった。

第四章では、真宗大谷派同朋教会と金剛大道との間の合同・分裂の過程を検討した。「鄭鑑録」信仰の中心地であり、数多くの民衆宗教が集まって「宗教の展覧場」の様相を呈していた新都内を中心に行われた真宗大谷派同朋教会と金剛大道の合同は、後に同地域における真宗大谷派新都内布教所の開設につながる。一方、金剛大道と同朋教会との合同のさなかに生じた種々の緊張や葛藤、組織の体系的な整備、経典発行の経験等のノウハウは、金剛大道の近代宗教化に決定的なきっかけを与えた。以上の事例から、双方の教団史では意図的にまたは無意識に省略された朝鮮の民衆宗教と日本の宗教団体との交流・提携関係は、植民地／内地といった帝国日本の構造的問題と絡み合いながらも、両者のアイデンティティを構築する上で決定的な役割を果たしていた。

植民地朝鮮の民衆宗教に関する以上の考察結果を通じて、従来の「民族」と「近代」にのみ積極的価値を置く見方では捨象されてしまう、民衆宗教の諸様相を明らかにした。もっとも、以上で明らかにし得た事柄は実のところ、植民地朝鮮で活動した数多くの民衆宗教のごく一端でしかない。民衆宗教研究の課題はさらなる事例蓄積を通じて、一部の民族主義的教団に偏っていた民衆宗教像から脱皮し、当該期の民衆宗教の姿をより正確に把握することである。今後の課題として残しておくことにする。

註

（1）김요한「一九二〇年代迷信打破運動」（韓南大学校大学院修士学位請求論文、二〇〇七年）。
（2）一記者「迷信의 감투를 벗으라」（『開闢』一九二一年一月）。
（3）猪巖「暗影 中에 무쳐 잇는 普天教의 真相」（『開闢』一九二三年八月）。
（4）京鍾警高秘第二四五〇号「天道教新旧派衝突ニ関スル件」一九二九年二月二七日。
（5）「天道教暴行事件의 顚末과 우리의 声明」（『新階段』一九三三年一月）。
（6）최종성『동학의 테오프라시——초기동학 및 후기동학의 사상과 의례』（민속원、二〇〇九年）、一二頁。

（7）「迷信過激　文句羅列　不穏文　南北各地　同時配布」（『朝鮮日報』一九二八年五月八日）。
（8）末永節の「大高麗国」建設の構想とその展開に関しては、佐々充昭「一九二〇年代「満州」における「大高麗国」建国構想——朝鮮新宗教と日本興亜主義者との邂逅」（『國學院大學日本文化研究所紀要』九四、二〇〇四年）に詳しい。
（9）「大高麗国の建設（十一）朝鮮の未来記『鄭堪録』」（『大正日日新聞』一九二一年四月六日）。
（10）「『真人出於海島中』六百年以前より朝鮮に伝はる　讖書鄭堪録より」（『人類愛善新聞』一九二九年一一月一三日）。
（11）「民衆을 欺瞞搾取하는　邪教団体一斉弾圧」（『朝鮮日報』一九三六年六月一四日）。
（12）『中央朝鮮日報』一九三三年三月三一日（朝鮮総督府編『朝鮮の占卜と予言』一九三三年）、六五七～六五八頁。
（13）刑公第三三五号「判決」大田地方法院清州支庁、一九四二年一一月五日。
（14）「思想犯罪から観た最近の朝鮮在来類似宗教」（『思想彙報』二二、一九四〇年三月）、三一～三二頁。
（15）安厚相「日帝強占期皇極教の新国家建設運動」（『한국종교』四七、二〇二〇年）、一八七～二一四頁。
（16）註（14）前掲記事、一七～四九頁。
（17）同前、三三～三四頁。
（18）同前。
（19）同前、三四～三五頁。
（20）刑公第四三〇号「判決」大田地方法院、一九四二年六月二五日。
（21）刑公第三一四七号「判決」京城地方法院、一九四四年一一月二七日。

付録　『新都内写真』

この写真帖は、新都内地域に所在した宗教団体や民間信仰に関わる遺跡地などを撮影したものである。各写真には日本語の説明文が添えられている。撮影主体や時期、目的は特定されていないが、民衆宗教関連の写真では人的情報や建築関連資金の規模が詳細に記載されており、また写真51の説明文において大正一三年（一九二四）を基準として石仏の年代を計算していることから、その頃に該当地域の警察が治安維持のための風俗調査の一環として撮影したものと推測される。郷土史家・李吉九氏所蔵。

写真 1　表紙

写真2　新都内警察官駐在所（石渓里）
大正十年十月一日設置ス　定員内鮮人巡査各二名

写真 3　夫南里後方ノ高地ヨリ望ミタル新都内ノ全影（其一）
中央ノ小高キ松林ハ鐘路垈ニシテ前面ノ川ハ其ノ源ヲ西瀧ニ発ス

写真 4

写真 5

写真 6　新都内全景（其ノ二）

写真7

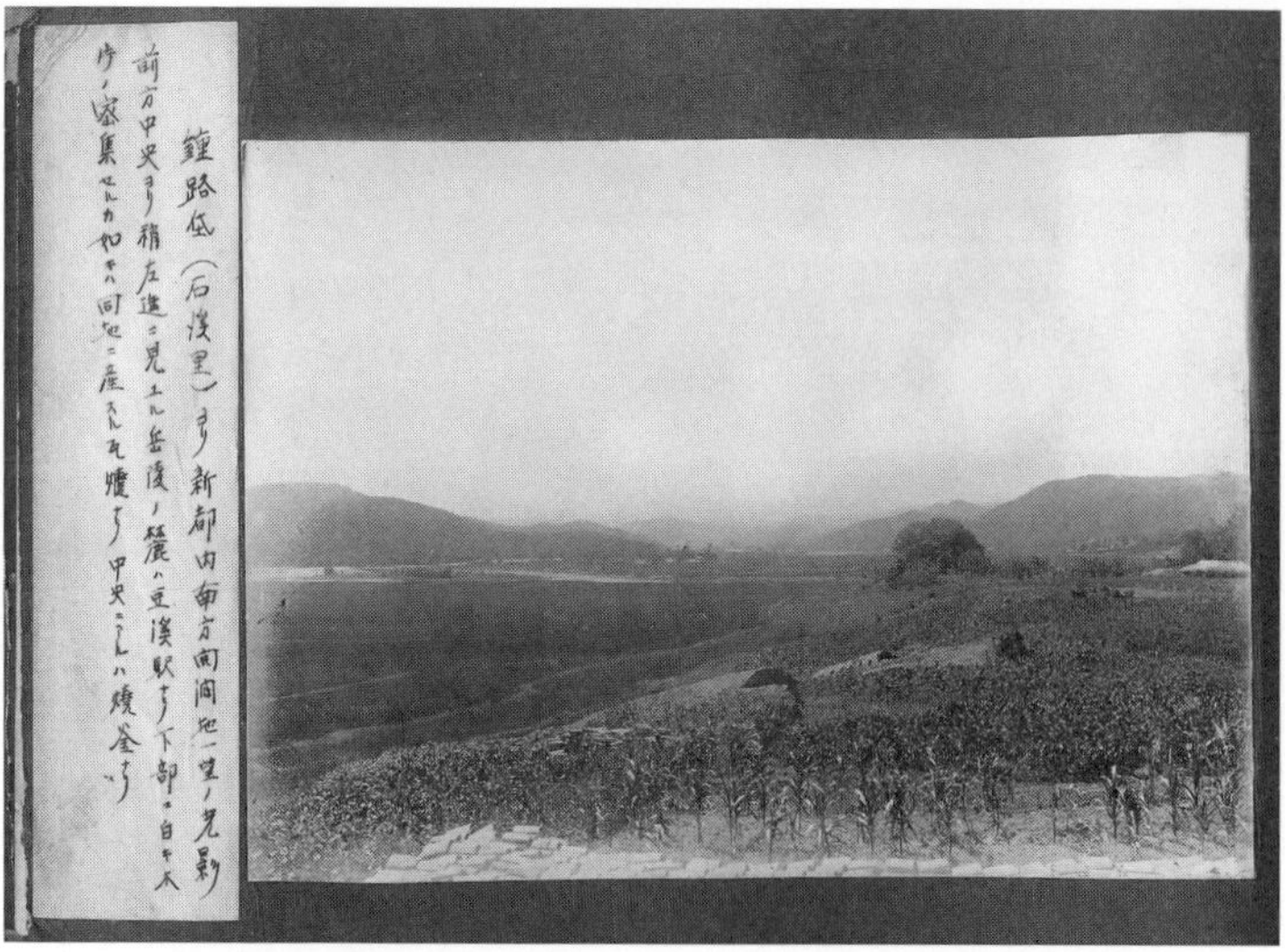

写真8　鐘路垈（石渓里）ヨリ新都内南方開濶地一望ノ光影
前方中央ヨリ稍左遥ニ見ユル岳陵ノ麓ハ豆渓駅ナリ　下部ニ白キ木片ノ密集セルカ如キハ同地ニ産スル瓦焼ナリ　中央ニアルハ焼釜ナリ

写真 9　金派侍天教伝教室全影（石渓里）

黄海道移住者洪淳玉ナルモノ大正二年四月伝教所ヲ設置シ後更ニ大正九年五月工費一万円ニテ現伝教室建設計画起工シ同年十二月竣工ス　現在所属教徒数三千三百二十人アリ

写真10　金派侍天教室本堂（石渓里）
間口八間奥行四間

写真11　侍天教布教室八万円計画ノ基礎工事

現布教室ノ後方ニシテ間口三十間奥行十間周囲ノ盛土ハ中央ノ地盤ヲ堀《ママ》リ下ケタルモノナリ　工事ハ其後全費ノ出途望ミナキヲ以テ目下中止中

写真12

写真13　金派侍天教付属維新学校

大正十年八月工費一千円ニテ建設ス／間口十間半奥行二間半現在生徒数百八十一名／信徒ノ子弟ノミニシテ普通学校程度ノ教授ヲ為シツツアリ

金演局別荘ノ全影及其ノ前面畑作ノ光影
此ノ付近畑地ハ大正八年頃迄ハ荒野タリシモ大正九年以降新都内
移住者ノ激増シタル為移住ノ手ニヨリ開拓セラレタルモノナリ

写真14　金演局別荘ノ全影及其ノ前面畑作ノ光影
此ノ付近畑地ハ大正八年頃迄ハ荒野タリシモ大正九年以降新都内移住者ノ激増シタル為移住ノ手ニヨリ開拓セラレタルモノナリ

写真15　侍天教主金演局別荘（龍洞里）
工費約三万円ニテ大正九年起工同十一年十二月竣工ス／金演局本妻ノ常住

写真16　大谷派同朋教会治療所

現布教担任者金貞黙カ論山内地医《ママ》師横田一郎ノ諒解ヲ得テ時々同人ノ来診ヲ求メ信者及其他ノ患者ヲ施療スル為ス設置シタルモノニシテ大正十二年六月起工同七月竣工　工費一千三百円　温突八間建ノモノナリ

写真17　大谷同朋教会付属鶏鳴学校

大正十二年六月起工同年七月竣工　工費一千三百円程度　普通学校　現在生徒数（信徒非信徒ノ子弟）八十六名、／間口十一間、奥行三間半

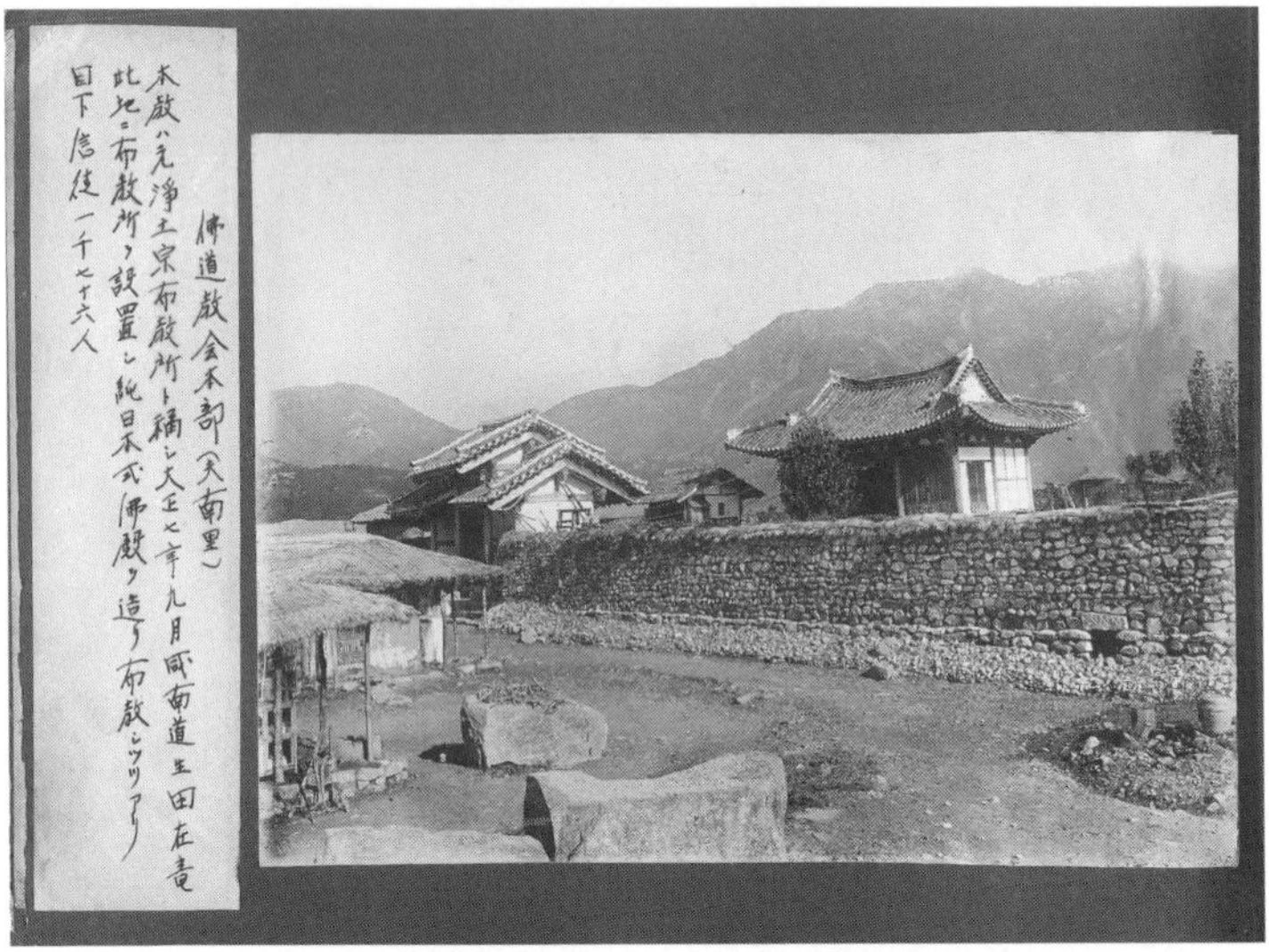

写真18　仏道教会本部（夫南里）

本教ハ元浄土宗布教所ト称シ大正七年九月咸南道生田在竜此地ニ布教所ヲ設置シ純日本式仏殿ヲ造リ布教シツツアリ／目下信徒一千七十六人

写真19　仏道教会本部（本堂）

大正九年五月起工　工費四千円間口四間奥行三間堂宇ノ前ニ立テルハ本布教所ノ鮮人布教者ナリ

写真20　礎石

本石ハ今ヲ去ル五百二十余年前李朝ノ祖都ヲ新ニ築カムトシテ王城ノ礎石裁トシテ撤去セルモノナリト伝フ大ナルモノ八方六尺小ハ長サ六尺巾三尺アリ夫南里東端部落内ニ散在シ其ノ数四十余個アリ石面ノ文字ハ大正二年中慶北尚州ノ権東孝外二名カ遊覧ニ来リ　紀念トシテ氏名ヲ刻ミタルモノナリ

写真21　仏道教内本堂

石仏其他装飾模様石像ハ恩津弥勒ヲ模形シタルモノナリ

写真22　大華教新都内布教堂（夫南里）

本教ハ大正十二年六月論山郡江景面富豪尹敬重主トナリ布教所ヲ設置シ布教ニ努メツツアリ　本布教堂ハ大正十二年七月起工　工費四千円目下工事中　本年十二月中ニハ竣工ノ見込　現在信徒数三百三十人

写真23　檀君教忠南支部（龍洞里）

現支部長李進鐸カ大正二年中自費六〇〇円ヲ投シテ和鮮折衷三階建ノ布教所ヲ建設ス　建坪九坪目下信徒三十二名右側平屋瓦葺ハ大正十二年中工費六〇〇円ニテ建設シタル私設孔子影閣ナリ

写真24　仏道教会婦人布教所出張所（夫南里）

仏道教ノ信徒朴先龍ノ妻李姓女ナルモノ信仰ニ熱シタル結果別邸ニ付近ノ婦人ノミヲ集会シテ布教セムトシ大正十二年九月私費一千円ヲ投シテ自宅裏側ニ建設シタルモノナリ／椽側ニ座スル人李姓女ナリ

写真25　七星教布教所全影（夫南里）

本教ハ現教主李重奎ノ主唱ニテ大正十二年一月布教所ヲ設置シタルモノニシテ布教所建設費一千六百円ヲ要シタリ　目下信徒九十名アリ

写真26　新都内鐘路通リノ光影

路市十尺右側ハ夫南里左側ハ石渓里付近ニ鮮人家屋八十余戸アリ　宿屋飲食店雑貨商及裏側ニハ農家等アリ

写真27

写真28 新都内市場（夫南里）

殷盛ヲ極ムル際ハ市場商人約三百人参集スル者約三千人農繁期ノ出場者少ナキ時ニ於テモ行商人約百人参集スルモノ約一千人ト呼バル

写真29　鐘路坮（石渓里）

鐘路坮石渓里ノ中央丘陵ナリ　高サ約百八十尺ニシテ杵樹繁茂ス　左方瓦葺ハ同朋教会ノ布教所ナリ

写真30　履脱峰（竜洞里）

大祖大王都城ヲ築カントシテ臣下ヲ従ヘ此ノ地ニ来リ躬ラ工事ヲ督励中都城ヲ京城ニ変更シ此地ヲ引揚ケニ際シ大王及臣下工夫等ノ靴鞋ノ泥土ヲ落シタルモノ積ンテ丘阜トナリタルモノナリト謂フ／高サ約ク五十尺周囲約二丁雑木繁茂ス

写真31

大正十一年三月李太王三周年祭ニ憤死シタル竜洞里儒生李命雨ノ居宅後方ノ松山内ニ於テ妻ト共ニ遺書シテ縊死ヲ遂ケタリ

写真32　新都内西瀧　其ノ一

夫南里西方約十町ノ処ニアリ瀧巾四尺高三十尺瀧壺ノ長サ十五尺　巾十尺深十四尺アリ　瀧ノ飛沫付近ニ散下シ盛夏尚ホ涼味浸々タリ　付近一帯巨岩重畳シテ奇岩怪岩転々トシテ実ニ風光秀美ヲ極ム

写真33 新都内西瀧　其ノ二（一名 숫용추）

写真34 山神堂

東瀧ノ上流一大岩窟ニ温突ヲ建設シタルモノニシテ常ニ巫女売卜者等カ祈禱ヲ為所ナリ

写真35

鶏竜山ヲ中心トシテ各種流言蜚語ノ策現地ト称セラルル竜洞里内旧名禹跡洞部落ノ光影／（巫女売ト者約四十戸アリ）／一名巫部落ト云フ

写真36　東瀧

龍洞里ノ西方約十五丁ノ処ニアリ　水渡リ五十尺ニシテ水量西瀧ヨリ稍々劣レルモ三丈余ノ瀧壺ニ落下スル様実ニ壮観ヲ極ム夏期旱天ノ際此ノ瀧ニ向ツテ雨乞ヲ為セハ其ノ効顕著ナリト伝フ

写真37　山神堂付近ノ光影

写真38　新都内西門ヨリ公州郡鶏竜面及論山郡上月面一帯ヲ望ム光影

写真39　新都内西門ヨリ連巔峰ヲ望ム（海抜二千二百尺ノ高峰）

写真40　鶏龍山連巓峰山頂騰雲庵（新光寺付属寺）

今ヲ去ル二十四年前ニ設立シタルモノナルモ其後加修セサル為半破損ス目下僧侶二名在住ス

写真41　鶏龍山連巓峰山頂ノ岩面文字
「方百馬角口或禾生」ノ八字ハ調刻者及年代不明ナルモ古来ヨリ難解ノ文字トシテ伝ハル

写真42　甲寺ヲ望ム

海抜二千五尺ナル連巓峰ノ高峯ヨリ鶏龍山甲寺（公州郡鶏龍面）ヲ望ム左方鬱蒼タル樹林中ニ見ユルハ甲寺ニシテ左上方並ニ画面中央ニ見ユルハ同寺ノ属寺ナリ

写真43　鶏龍山新元寺ノ全影
現住僧侶十五名ニシテ千年以前ノ建立ト云フモ歴史上記録ナク不明ナリ

写真44　鶏龍山新元寺本堂　其二

本寺ハ去今五百年ノ春（李太宗三年春）改築更ニ大正四年春改築シタルモノナリ

写真45　鶏龍山東鶴寺ノ全影　其一
寺ノ前面

写真46 鶏龍山東鶴寺　其二
背面全影

写真47　鶏龍山東鶴寺ノ景　其三

新羅聖徳ノ時（唐玄宗開元年中）今ヲ去ル約一千百年前建物ニシテ今ヲ去ル四百年前一度焼尽シ爾来空地三十四年ヲ続ケ其後再建セルモノナリ

写真48 鶏龍山東鶴寺ノ渓流　其ノ一

本渓流ハ同寺ノ前方ヲ大田郡ニ流レ魚貝多ク樹木鬱蒼トシテ夏季納涼客ハ同寺ヲ訪ネ趾ヲ絶タス

写真49　鶏龍山東鶴寺ノ渓流　其ノ二

写真50

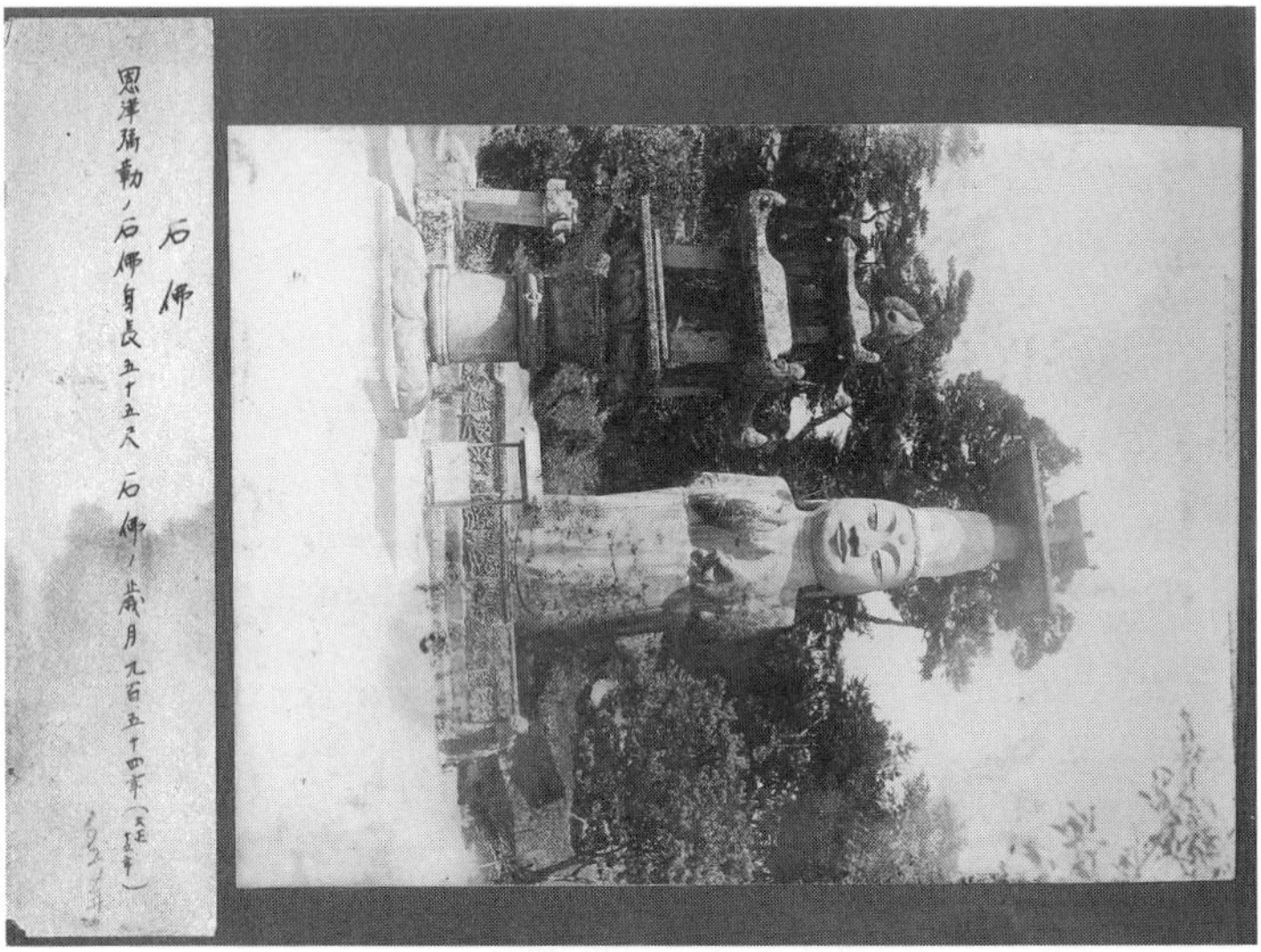

写真51　石仏

恩津弥勒ノ石仏身長五十五尺　石仏ノ歳月九百五十四年（大正十三年）

写真52　裏表紙

初出一覧

序　章　（書き下ろし）

第一章　一九〇〇～一九一〇年代の予言と朝鮮の民衆（書き下ろし）

第二章　規格化される予言――植民権力と『鄭鑑録』公刊本の誕生（「植民地朝鮮と鄭鑑録」『日本近代学研究』五九、韓国日本近代学会、二〇一八年）

第三章　植民地朝鮮における「類似宗教」の課題――普天教の活動を中心に（書き下ろし）

第四章　植民地朝鮮の民衆宗教と日本仏教――新都内の真宗同朋教会と金剛大道を中心に（「植民地朝鮮の新宗教と日本仏教――新都内の真宗同朋教会と金剛大道を中心に」桂島宣弘ほか編『東アジア 遭遇する知と日本――トランスナショナルな思想史の試み』〈文理閣、二〇一九年〉）

終　章　（書き下ろし）

あとがき

本書は、二〇二〇年度に立命館大学に提出した博士論文「植民地朝鮮における民衆宗教の展開」を大幅に加筆・修正したものである。本書の刊行にあたっては、二〇二二年度立命館大学人文学会博士論文出版助成金をうけた。なお、本書の内容には、日本学術振興会特別奨励費「近代日韓民衆宗教の提携と「帝国」の民衆――大本教と普天教の事例を通じて」(15J09575)、研究活動スタート支援「植民地朝鮮における民衆宗教の活動と帝国日本の宗教政策」(22K19976) による成果の一部が含まれている。

宗教を研究対象とする者は、しばしば自分の信仰や宗教を問われることがある。特に特定の教団を研究する者は、その教団側の人々からそのような質問を受けることが多い。信仰と宗教を人生の重要な軸として生きている人々にとって、その世界に足を踏み入れず、信仰を持ってそれを維持することへの共感も苦悩も共有していない相手から、自身の宗教や信仰についてあれこれ言われるのは、きっと愉快なことではないだろう。ただ、私の場合、そのような質問を受けた記憶はあまりない。それは、金剛大道を除いて、普天教をはじめとするほとんどの宗教がもはや存続していないからである。整理された史料もあまり残っておらず、散らばった記録の断片を集め、今は消えた宗教が歩んできた道を辿ることは決して容易なことではなかった。そこで、そのような宗教を発生させた思想的基盤である

「鄭鑑録」に問題関心が移り、本書の一部は植民地朝鮮における「鄭鑑録」の問題を扱うことになった。

振り返ってみれば、博士論文および本書の執筆に至るまで、数多くの方々の学恩を受けてきた。まず、博士論文の審査にあたってくださった先生方（主査・桂島宣弘先生、副査・神田秀雄先生、佐々充昭先生）に感謝申し上げたい。佐々先生には、現職である立命館大学専門研究員の受入教員にもなっていただいている。先生方から頂いたご指摘とご助言をもとに、今後とも邁進していきたい。

また、桂島先生・金津日出美先生には、学問的な指導はもとより、日常生活における些細なところまでご配慮いただいた。日本語は少し話せたものの、郵便の送り方さえも分からなかった慣れない日本生活において私が何とか耐えられたのは、二人の先生方をはじめ、その指導をうけていたゼミ生のみなさんにも他人への関心と優しさが共有されていたためであった。ゼミでは、史料解読・批判といった歴史研究の基本から、問いの立て方、自分の議論の位置づけ方などに至るまで、研究者としての基本的な素養を身につけることができた。

東アジア思想文化研究会、日本思想史研究会（京都）、『大本七十年史』研究会などの場では、思想史から新宗教研究の新たな方法論の模索に至るまで、みなさんから多くの刺激を受けた。元々歴史学が専門ではなかった私は、こうした場を通じた学問的交流によって多くを学んできた。感謝申し上げたい。これまでに頂いた学恩に少しでもお応えすることができるよう、今後も努めていきたい。

本書の出版を引き受けてくださった法藏館の戸城三千代さん・丸山貴久さんにも感謝申し上げたい。とりわけ、編集の労をとってくださった丸山さんには、次女の妊娠・出産といった私事でご心配をおかけしたが、色々とご配慮いただいた。丸山さんの励ましのおかげで、何とか本書の上梓までこぎつけることができた。また、個人的には、浄土真宗への篤い信仰心を持つ、夫の母方の祖母が知っていた学術出版社からこの本を出版することができたことも嬉しく思っている。

初稿の一部を丁寧に読み込み、日本語の校閲を行ってくださった渡勇輝さんにも感謝申し上げたい。そして、植民地期の新都内宗教村の様子を収めた貴重な史料である『新都内写真』の掲載を快諾してくださった李吉九先生にもこの場を借りてお礼を申し上げる。

本書の執筆期間中に、金光教羽曳野教会の故・渡辺順一先生の訃報に接した。人間への深い愛情をもとに、社会の諸問題に目をつぶらず、実践的な人生を歩んでこられた方であった。未熟な大学院生であった私にも、いつも優しく温かく励ましてくださり、様々な場所や人を紹介してくださった恩人であった。本書を渡辺先生にお見せできないことは痛恨の極みであるが、先生から教えていただいたことを、これからも大事にしていきたいと思う。

最後に、研究の道に進みたいと決めた長女の選択を信じて応援し続けてくれた両親、最大の理解者でありながらいつも助言と支援を惜しまない夫にも感謝の気持ちを伝えたい。そして、いつも満面の笑みで母を精神的に支えてくれた長女・理準と、お腹の中で本書の作業に付き合ってくれた次女・理案にもありがとうと言いたい。

二〇二四年七月

朴海仙

著者略歴

朴　海仙（ぱく・へそん）

1987年生。2011年韓国淑明女子大学校英文学科卒業。2014年同大学校大学院日本学科日本学専攻修士課程修了。2020年立命館大学大学院文学研究科日本史学専攻博士課程修了。博士（文学）。日本学術振興会特別研究員（DC２）、立命館大学文学研究科初任研究員を経て、現在は同大学専門研究員。

主な研究に「植民地朝鮮の新宗教と日本仏教――新都内の真宗同朋教会と金剛大道を中心に」（共著『東アジア 遭遇する知と日本――トランスナショナルな思想史の試み』文理閣、2019年）、「植民地朝鮮と鄭鑑録」（『日本近代学研究』59、2019年）、「近代韓国新宗教における後天開闢思想――思想的起源と東学の後天開闢に関して」（『東アジアの思想と文化』10、2019年）などがある。

植民地朝鮮の予言と民衆宗教

二〇二四年九月二七日　初版第一刷発行

著　者　朴　海仙

発行者　西村明高

発行所　株式会社　法藏館
京都市下京区正面通烏丸東入
郵便番号　六〇〇-八一五三
電話　〇七五-三四三-〇〇三〇（編集）
〇七五-三四三-五六五六（営業）

装幀　野田和浩

印刷・製本　中村印刷株式会社

ISBN 978-4-8318-5586-2 C1021